AF237301

Impressum

© 2020, JMC, Wien

Herstellung und Verlag: BoD – Books on Demand, Norderstedt

Aufgezeichnet von Andrea Fehringer & Thomas Köpf

Mitarbeit: Konstantin Wollinger

Grafik: Nikolaus Czernin & Bernd Plank

Foto: © Michael Weinwurm

ISBN: 9783752610697

JOSEF MANTL

MOVING FORWARD
TOPFIT FÜR DIE ZUKUNFT

—

AUFGEZEICHNET VON
ANDREA FEHRINGER & THOMAS KÖPF

Inhaltsverzeichnis

Pfeif aufs Vorwort, fang an!

Alles liegt vor dir. Der staubige Highway zur Herrlichkeit. Die Neonstraße zum Erfolg. Das Glück. Die verdiente Anerkennung. Der Weg nach vorne. Moving Forward. Beweg dich, mein Freund. Weg mit den Chips, runter von der Couch, rein ins Leben. Das Leben wird's dir danken. Gib Gas, und zwar jetzt. Du bleibst nicht stehen, sondern du bewegst dich. Setzt ein Bein vor das andere, wieder und wieder. Und wieder.

Du gehst, läufst, marschierst, stolperst, strauchelst, fällst, kriechst, rappelst dich auf, beutelst dich ab, gehst es von neuem an, gehst weiter, gehst schneller, legst an Tempo zu, rennst, flitzt durch den Tag, fliegst dahin, jagst durch die Zeit, vorwärts, vorwärts. Der Weg ist gerade, biegt kurz ab, links, rechts, rechts, links, dann wieder diese endlos lange Gerade, schnell, schnell, immer schneller, nach vorne.

Moving Forward.

Das Gewissen, es zeigt einem den Pfad zu sich selbst. Du wanderst weiter, siehst den Richtstrahl der Rechtschaffenheit, wandelst auf dem Weg deiner Bestimmung, dort vorne, ja, genau dort liegt das erste Etappenziel auf dem Endlosmarsch, den sie Leben nennen. Und hier schon, ja, genau hier ist das rote Zielband, du erreichst es, es spannt sich, zerreißt vor deiner Brust, du hast es geschafft, wirst langsamer, du gehst gemächlicher, lächelst, schaust dich um, nickst und schreitest dahin, zufrieden, voll Stolz, so funktioniert das also, genau so. Und jetzt auf zur nächsten Etappe.

Moving Forward. Raus aus dem Zähfluss, es zahlt sich aus, ja, das tut es.

Es gibt ein Leben nach Corona. Wie es auch ein Leben *mit* Corona gibt und geben wird. Ich plädiere wie viele andere für Verantwortung und Vernunft. Wir müssen Abstand halten, auch vor der Panik. Einer etwaigen Niedergeschlagenheit müssen wir mit Besonnenheit, Klarheit im Denken und Mut begegnen. Keine Trübnis, keine regengrauen Gedanken. Corona wird und darf nicht unser Untergang sein. Jede Talfahrt ist irgendwann zu Ende, und dann schießt der Rollercoaster wieder steil nach oben. Die Hochschaubahn fährt wieder hinauf.

Leben ist Bewegung. Das heißt, wir müssen besser werden, uns weiterentwickeln, Tag für Tag. Moven statt grooven. Think digital. Go smart. Der Sprung von 0 auf 1 ist nur ein binärer Klacks, eine winzige Zustandsveränderung. Trotzdem geht bei 1 das Licht an, während bei 0 die Dunkelheit ruht. Von 0 auf 1 ist das, wo wir hinwollen. Genau das drückt Moving Forward aus. Die Bewegung beginnt immer zuerst im Kopf. Die Botschaft. Move. Forward. Now. Auch wenn du scheiterst, es ist nur für einen Moment. Übrigens: Danke, dass du dieses Buch liest. Du kannst es jetzt weglegen.

Oder weiterlesen. Moving Forward ist mir immer wieder als Motivationsmotto durch den Kopf geschwebt, Moving Forward war ein ständiger Gedanke, eine fixe Idee, die ich in eine Form gießen wollte. Umso mehr und je öfter ich in der Welt unterwegs war, vor allem in den USA, wo ich all die Möglichkeiten, aber auch Grenzen gespürt habe, immer mit diesem wichtigen Blick über den Tellerrand. Inspiriert von den Büchern über Mut und Erfolg. Im Bewusstsein der bodenständigen Kraft und mit der erfrischenden Selbstironie eines Österreichers. Diese Energie und ein tolles Team haben mit der Moving Forward Conference in New York City sogar zum »Biggest Austrian organized event in America« geführt. Ein weiterer großer Turbo für dieses Buch.

Vor allem aber auch die faszinierenden nationalen und internationalen Persönlichkeiten, von deren Ratschlägen ich erzähle, aus denen man so viel lernen kann.

Es ist, als ob ich es mir in der Früh mit Rasierschaum auf den Spiegel in meinem Badezimmer geschrieben hätte:

MOVING
≡FORWARD

Der positive Schaffensdrang. Darum geht es in diesem Buch. Um die Kraft der Bewegung, die alles verändert. Deine Zukunft, dein Leben, deinen Erfolg. Einfach alles.

Alles liegt vor dir.

1. Kapitel

Zwinkern in die Zukunft

Mitschuld war wieder mal der Gin Tonic. Ein paar Freunde und ich, wir hatten uns vor einiger Zeit – als *Social Distancing* noch kein Thema war – zu einem Treffen wechselseitiger Inspiration und angewandter Horizonterweiterung zusammengetan. Hintergrund war, weitere Ideen für dieses Buch zu sammeln. Moving Forward. Mit zwei Worten hast du eine Botschaft, aber noch lange kein Buch.

Es war ein Frühlingsabend, lau draußen, der Mond wie eine Silbermünze am Himmel, drinnen im Foyer des Wiener Hotels Le Méridien duftete es ein wenig nach Zukunft. Da war dieser Raum als Ort für dynamische Gäste, alles schwarz lackiert, der wuchtige Tisch ins Ovale lang gezogen, und rundherum zwölf Leute. Eine Tafelrunde der Moderne, Denker, Macher, meine Freunde und Wegbegleiter. Unternehmer, Start-up-People, Professionals, Studierende, Schriftsteller, Künstler, Blogger. Wir haben mit Meinungen um uns geworfen. Geöltes Brainstorming, das ist ein guter Motor für den Spirit. Die Gespräche drehten sich um das Jetzt und das Morgen. Und um dieses Buch. Moving Forward. Klar. Gut. Wir wollten gemeinsam die Ziele schärfen und Antworten geben können, wenn sich jemand fragt: Was bringt es mir? Warum soll ich es lesen? Warum soll ich meine kostbare Lebenszeit dafür verwenden? Warum ist das Buch für mich relevant? Wie kann es *mein* Buch werden? Mein buchstäblicher Begleiter?

Bewusst ohne Protokoll und Tagesordnung wurden Themen aufgeworfen, analysiert und diskutiert, die die Menschen aller Generationen betreffen, bunt durchgemischt. Zu dieser Zeit natürlich ohne Schutzmasken.

Reden über das Leben, Gedanken über das Morgen und verstehen, wie das Gestern war. Eine Zeitlosigkeit stellte sich ein, ein holistischer Ansatz im Denken, eine Ganzheitlichkeit im Gespräch. Alles hängt zusammen, alles ist miteinander verknüpft. Jeder Gedanke hat Auswirkungen. Gedanken werden zu Worten, und Worte werden zu Taten.

Jemand stellte provokant die Frage in den Raum, ob eine künstliche Intelligenz auch deppert sein kann. Freilich. Jeder Algorithmus kann anfällig für

Dummheit sein. Du kannst einem Programm sagen: Check mir alle Details zu einem Hund, sagen wir, einem Golden Retriever namens Max, und du fütterst das System mit sechshundert Millionen Details, dann wird es alles über den Hund wissen. Aber schick dem System ein Foto von einer Katze, und es wird fragen: Wie jetzt? Was für ein Hund ist das denn? Es braucht den Menschen zum Erkennen des Ganzen.

Wir redeten über Programme und Möglichkeiten, über verschlüsselte Sinnhaftigkeiten und die Kunst der Prophezeiung. Was wird sein, was mag passieren? Werden Roboter unser Denken übernehmen oder nur unsere Bequemlichkeit unterstützen? Artifical Intelligence.

Urban Future. Wir fantasierten über das Leben in der Stadt der Zukunft, wie digital, wie sauber wird die Zukunft sein, die sich uns offenbart. Sie liegt da wie ein Teppich, über den wir gehen müssen. Unsere Urban Mobility.

Und dann zogen die Wolken auf über unser Gespräch. Das Thema Klimawandel war da, und jeder wusste, wie wichtig das war, ist und sein wird. Nicht nur ein rein grünes Anliegen, sondern ein globales Thema, das uns und vor allem die nächste Generation massiv beschäftigen wird. Die Welt verändert sich, das Klima verändert sich, und der Mensch ist schuld daran. Wichtig wäre, wenn wir Möglichkeiten schafften, um Klimaziele global umzusetzen, aber schon regional und kommunal im Kleinen beginnen. Grün hier nicht als Farbe einer Gesinnung, sondern als Farbe der Hoffnung.

Das war mir auch immer persönlich ein Anliegen. Während meines Studiums als Fulbright-Stipendiat am Emerson College of Communication in Boston lernte ich 2007 US State Senator Marc R. Pacheco, Chairman des Massachusetts Senate Committee on Global Warming and Climate Change, kennen und startete mit ihm und der United Nations Youth and Student Association (Akademisches Forum für Außenpolitik) die globale Nachhaltigkeitsinitiative »Sustainable Future Campaign«, die in den Jahren danach auch zur Ausbildung zum »Climate Leader« durch den ehemaligen US-Vizepräsidenten und Nobelpreisträger Al Gore und der Gründung der »Green Tech Bridge USA – Austria« mit Präsentation vor Congressman Joseph Kennedy III. führte. Viele der am Tisch Anwesenden hatten Projekte dieser Art immer von Anfang an tatkräftig unterstützt.

Es braucht den Willen zur Umsetzung. Act now. Move Forward.

Und dann Digital & Social Media. Unendliches Thema, unendliche Weiten. Auch wesentlicher Schwerpunkt meiner Kommunikationsagentur JMC. Die Digitalisierung als Scheidepunkt des Vorwärtskommens. Die vierte industrielle Revolution läuft nicht an, wir stecken mittendrin! Wir sind die Kinder der Digitalisierung. So wie früher die Eisenbahn erfunden wurde oder das Fernsehen oder noch früher der Buchdruck. Niemand kann sich gegen das Schicksal stellen, keiner kann sich gegen das Morgen stemmen. Es wäre dumm zu behaupten, wir könnten uns entscheiden. Entscheiden, ob wir an der Digitalisierung teilhaben oder nicht. Das ist so, als würde man sagen: Der Hurrikan, der auf uns zukommt, wird mich nicht betreffen. Ich mache einfach das Fenster zu und schließe die Tür ab, dann kann mir nichts passieren.

Technologischer Fortschritt ist noch nie friktionsfrei verlaufen. Die heutige Debatte zwischen Taxi und Uber erinnert manchmal an das 19. Jahrhundert, wo in der Transitionsphase zwischen Kutschen und Automobilen die Kutscher die Aufgabe bekommen hatten, Fußgänger vor den herannahenden

Automobilen zu warnen. Eine Idee der Gewerkschaften mit dem Resultat, dass die Fahrtgeschwindigkeit von Automobilen bei 4 km/h lag.

Man kann Fortschritt nicht verbieten. Aber andererseits darf man seine Augen vor Problemen auch nicht verschließen. Oft sehen wir den Wald vor lauter Bäumen nicht.

Und natürlich Lifestyle, wie wir leben werden, was uns erfreut und was uns bewegt. Das Thema gibt mehr her, als ein Abend verträgt. Aber niemand wollte einen Anspruch an die Vollständigkeit erheben. Reden ist denken, und denken ist austauschen.

Es geht nicht zuletzt darum, Meinungen zuzulassen und den Geist der Modernisierung zu nähren.

Eine sehr gesund lebende Food-Bloggerin, für uns, den Versuchungen des Alltags sich immer wieder hingebende Allesesser natürlich ein besonderes Vorbild, warf drei Themen in die Runde, die ihr auf der Zunge zergingen: Influencer Marketing, der mögliche Tod des Fernsehens und Live-Content.

»Influencer Marketing ist ein enormer Trend, weil gerade eine jüngere Zielgruppe ihre Vorbilder auf

Social Media sucht«, sagte sie. »Die früheren Fernsehstars sind jetzt die Blogger und Influencer auf Instagram. Menschen wollen heutzutage am Leben ihres Vorbilds teilhaben und verfolgen deshalb aktiv Posts und Storys. Aus diesem Grund haben Influencer großen Einfluss, weil sie ihren Followern auf einer sehr menschlichen Ebene begegnen.« Werbung wird zu einer Art Empfehlung durch einen Freund. »Diese authentische Art der Werbung können sich Firmen zunutze machen und mit gezielt ausgewählten Influencern ein großes Maß an Brand Awareness und Brand Love erzeugen.« Sie holte Luft und kam in voller Härte zum zweiten Punkt.

»TV is nearly dead.« Sie lächelte zu dieser Beinahe-Todesanzeige. »Es wird immer schwieriger, die Menschen über traditionelle Medien wie Print, TV und Radio zu erreichen. Die wenigsten in der Zielgruppe von 15 bis 30 setzen sich am Abend zu einem 20-Uhr-15-Film. Nein, sie verbringen lieber ihre Zeit online am Handy auf Social Media und sehen sich dort für eine Stunde Storys ihrer Lieblingsblogger an. Die Reichweiten bei traditionellen Medien gehen immer weiter zurück, Mobile Usage für Netflix & Co. wird immer größer. Unternehmen sollten deshalb ihre Aktivitäten sehr stark auf online verlagern, um gerade wieder bei der jüngeren Zielgruppe anknüpfen zu können.« Die Kollegen in der Runde nickten, die Bloggerin kam zum dritten Punkt.

»Video und Live-Content. Ich sehe einen Trend zu Video und Live-Content auf allen Social-Media-Plattformen. Gerade auf Instagram fällt mir besonders auf, dass die Menschen immer mehr Storys schauen und die Gallery Postings immer weniger beachten. Man hat fast das Gefühl, dass die Follower so nah wie möglich an einem dran sein möchten und einfach das echte, reale, private Leben mitbekommen wollen. Und nicht die hochpolierten, bearbeiteten Bilder. Aus diesem Grund funktionieren auch Live-Videos und Insta-Storys im Moment so gut, da hier die Follower ungefilterten Content zu sehen bekommen.«

Spannende Ansichten! Tot ist das Fernsehen zwar meiner Meinung nach sicher nicht, aber die Branche weiß: innovate or die. Allein die rasante Entwicklung des Videoportals TikTok verdeutlicht die Schnelllebigkeit der modernen Kommunikation.

Die Nachspeise kam in Form eines Schokomousses angeschwebt, die Freunde in der Runde löffelten es leise in sich hinein, nippten am Espresso und hörten, was ein junger Startup-Spezialist zu sagen hatte. Auch er referierte in fünf Minuten über drei Trends, die ihm vor allem im Silicon Valley aufgefallen waren, wo er als Sales Manager gearbeitet hatte: Remote Work, Personal Branding und interessanterweise Entschleunigung.

Er stand auf und sagte: »Was Remote Work betrifft: Ortsunabhängiges Arbeiten verbreitet sich immer mehr. Das Start-up, wo ich gearbeitet habe, ist global aufgestellt, ohne Office irgendwo, mit jetzt mehr als 30 Mitarbeitern. Ich sehe diesen Trend nicht nur im Valley, dort sind sehr viele Firmen und Start-ups remote, oder die Leute haben zumindest die Möglichkeit, ein, zwei Tage von zuhause aus zu arbeiten. Das ist dort ganz normal. Aber auch was Freelancer und Digital Nomads angeht, zeigt sich immer mehr, dass man, egal wo man ist, produktiv und effizient arbeiten und Business machen kann, ohne jeden Tag ins Büro pendeln zu müssen.«

Was Personal Brand betrifft, meinte er: »Gerade in den USA habe ich bemerkt, wie sehr Social Media genutzt wird, um auf sich aufmerksam zu machen, sich selbst zu branden und positiven Einfluss auf andere zu haben. Nicht nur in Freizeitbranchen wie Fitness, Fashion, Lifestyle, sondern auch im Business-Sinne. LinkedIn wird übrigens sehr viel genutzt.

Immer mehr jüngere Menschen merken, dass man mit dem richtigen Einsatz von Social Media sehr viel erreichen kann und es schon lange nicht mehr *nur* ein Unterhaltungsmedium ist.«

Und sein drittes Thema: »Meditation und Entschleunigung: Ich habe noch nie so viele Leute über Meditation reden und praktizieren gesehen wie im Silicon Valley. Jeder meditiert, als wäre es das Normalste auf der Welt, und ich habe mich da angehängt. Aber auch Freunde hier in Europa, vor allem High Performer, sehe ich diese Welt immer mehr erforschen und testen.« Er hielt kurz inne, bevor er weitersprach. »Meditation kann unglaubliche Wirkungen haben. Und ja, ich war sehr skeptisch. Aber Studien zeigen, dass diese Leute auf dem richtigen Weg sind und anderen etwas voraus haben. Sie ruhen in sich. Ich denke, dass gerade High Performer und Start-up-Gründer das bewusst nutzen, um sich zu fokussieren und zu entschleunigen. Spannendes Thema und definitiv ein Trend, der riesig ist.« Applaus und meditatives Nippen am Gin Tonic.

Und ich dachte, kritisch auf mich selbst bezogen: Meditation, Entschleunigung, Digital Detox – na, da habe ich ja noch einiges vor mir …

Künstliche Intelligenz, Virtual-Reality-Brille. Es gibt einige Skeptiker, aber natürlich gibt es positive Seiten. Stellen wir uns vor, wenn ein Laie nicht mehr mit dem Auto in die Werkstatt fahren muss, sondern einfach die VR-Brille zuhause aufsetzt und mit Anweisungen der Brille das Auto in Schuss bringt. Die Brille erkennt die einzelnen Autoteile und erklärt dem Laien, wie er das Problem beseitigt. Noch besser: Das Auto ist ein selbstfahrendes Auto und fährt von sich aus zum Service, ich bin dann mal weg.

Unser inspirierendes Dinner ging nahtlos in eine Art Mini-Clubbing über, was den Ideenreichtum aber nur noch weiter anzündete.

Ein anderer Kollege hatte für sich drei Themen, die anzusprechen ihm ein Anliegen war: »Es geht um Work-Life-Balance«, sagte er, »Selbstverwirklichung. Junge Leute suchen viel mehr nach einem Sinn. Für uns ist Arbeit wichtig, weil wir natürlich Geld verdienen wollen, das ist immer ehrlicherweise ein Grund. Aber junge Leute wollen Spaß haben, sie wollen in der Arbeit aufgehen, sich selbst verwirklichen. Oft suchen sie sich verstärkt einen Mentor oder ein Vorbild. Die Bedürfnispyramide nach Abraham Maslow hat ungebrochene Bedeutung.«

Die Pyramide definiert Selbstverwirklichung als oberstes Ziel, darunter kommen Individualbedürfnisse, soziale Bedürfnisse, Sicherheitsbedürfnisse und ganz unten physiologische Bedürfnisse. Maslow gilt als der wichtigste Gründervater der humanistischen Psychologie, in der eine Psychologie seelischer Gesundheit angestrebt und die menschliche Selbstverwirklichung im Rahmen eines ganzheitlichen Konzepts untersucht wird.

Der zweite Punkt in seinem Anliegen-Trio aus dem Lifestyle-Bereich: »Stressreduzierung. Durch Social Media glaubt man, dass viel mehr passiert. Früher ist genauso viel passiert, aber heutzutage checkt man einfach alle paar Sekunden, nicht Minuten, das Handy und bekommt neue Nachrichten durch Facebook, durch Twitter, durch Instagram und so weiter. Das hetzt mehr als alles andere.«

Und drittens: »Weiterbildung, Wissen. Junge Menschen bilden sich anders weiter. Man glaubt immer, dass sie nur vor Youtube hängen und nichts Gescheites machen. Natürlich passiert das auch. Aber so wie wir unsere Bücher lesen oder die ZIB 2 anschauen, so haben Youtuber ihre Tutorials über verschiedenste Themen, zu denen sie sich weiterbilden.«

Digital thinking. Learning on Demand. Das wird uns noch beschäftigen, denke ich.

Der Abend gewann mit jedem Vortrag an Bedeutung. Jeder merkte, dass etwas in der Luft lag. Der Geist der Zukunft. Ein Hauch Science Fiction. Der Mut, dem Morgen zu begegnen. Wir erörterten visionäre Sinnfragen und skizzierten das Leben in dreißig Jahren.

Einer Studie der Universität Oxford zufolge wird es schon in 25 Jahren 47 Prozent der heutigen Jobs nicht mehr geben. Das heißt, fast jeder zweite Arbeitsplatz wird obsolet. Freilich werden andere Jobs kommen, Roboter putzen, Alexa bei Laune halten, ein autonomes Uber reparieren, was auch immer. Buchhalter, Ärzte, Juristen, Lehrer, Bürokraten und Finanzanalysten könnten problemlos ersetzt werden, wie *The Economist* schreibt. Computer würden in der Lage sein, unfassbar große Datenmengen auszuwerten, um Entscheidungen zu treffen oder exakte medizinische Diagnosen zu treffen, basierend auf Hunderten Millionen von Fallstudien. Angeblich sicherer als jeder Oberarzt. Am Ende dieser digitalen Revolution mag es ein Höchstmaß an Effizienz dank besserer Software und vielleicht sogar mehr Wohlstand geben. Die Frage ist nur, ob Menschen das kapitale

Glück und die Freiheit genießen können, wenn sie sich mit der VR-Brille eine Holo-Anzüglichkeit nach der anderen reinziehen und sich vom Haus-Androiden den Schweinsbraten in den Mund schieben lassen, dazu eine Grüner-Veltliner-Infusion einverleiben, die dem geneigten User alle neuneinhalb Minuten ein künstliches Glücksachterl in die Venen jagt. Prost auf die Zukunft! Aber wir wollen positiv denken und diese Zukunft begrüßen, sie nicht madig machen. Trotzdem muss man kritische Fragen stellen dürfen, schon jetzt.

Moving Forward – in time: Durch die Technologisierung werden Jobs verschwinden, und es wird eine sehr große Anzahl von Menschen vermutlich keine Arbeit mehr haben. Sinn schöpfen viele Leute heute aus ihrem Tun, wie wird sich das entwickeln, welche Alternativen gibt es? Wird es Freiwilligenarbeit sein, die Menschen dann antreibt, oder werden sie vor den Smartphones oder den äquivalenten Gadgets der Zeit ihren Tag fristen und darauf warten, wie ihr Leben vergeht? Was machen sie mit der ganzen Zeit, die sie auf einmal haben? Was bedeutet eine Gesellschaft ohne Aufgaben für eine Demokratie? Was bedeutet es für die Welt an sich?

Ich bin überzeugt, dass man sich nicht vor der Technik schrecken braucht. Grundkenntnisse und eine positive Einstellung gegenüber der Digitalisierung an sich können nicht schaden. Die Erinnerung an George Orwells *1984*-Horrorszenarien hin, die Angst vor der permanenten Überwachung durch Alexa her. Und man muss ja nicht in jedem Zimmer einen smarten Lautsprecher haben, um glücklich zu werden. Menschen sollten die Offenheit haben, sich zumindest ein wenig mit Softwareentwicklung, Programmieren und moderner Technik auseinanderzusetzen. Einerseits sind die Tools nicht eine so große Hexerei, andererseits werden Jobs in diesen Bereichen gebraucht werden.

Und selbst wenn man sich nicht auskennt auf allen Gebieten - technologische Trends sind da. Beispielsweise einige aktuelle wichtige Begriffe, mit denen man sich durch den Tag *buzzen* kann und vielfach auch muss: IoT (Internet of Things) ist das Gebot der Stunde. Konnektivität. Alles vernetzt sich, wird mit dem Web verbunden und bekommt ein Gehirn verpasst. Der Kühlschrank weiß, wann er die Milch online nachbestellen muss, das Licht geht automatisch an, wenn man nach Hause kommt, und die Heizung reguliert sich von selbst auf gemütliche 23 Grad. Smart Voice. Smart Homes. Smart Life. Wer nicht smart denkt, bleibt auf der Strecke. Voice Revolution – die Stimme als neues Interface zwischen Mensch und Maschine. Voice Recognition – das Stimmprofil als neues Passwort, Banken nützen es bereits, plus Gesundheitsimplikationen, Persönlichkeit und Echtzeitanalysen, wie man auf Kunden (genauer genommen: deren Emotionen) bei Callcentern reagieren soll, daraus werden Psychogramme erstellt. Übersetzungsplattformen, die durch Artifical Intelligence und Machine Learning schon besser und schneller als Google Translate oder so mancher Simultanübersetzer sind. Sprachaufnahmen, automatisch in Text übersetzt und katalogisiert, wie man das von der NSA kennt. Kundenprofile in bester Cambridge Analytica-Manier. Tools in der Juristerei oder im Finanzwesen, beispielsweise durch das frühzeitige Erkennen von Insolvenzen – der Algorithmus macht's möglich. Eine Software, die mit Zugriff auf Firmendaten innerhalb kurzer Zeit etwa Zahlungsengpässe bei großen Unternehmen in zahlreichen Abteilungen und vielen Monaten in Bruchteilen von Sekunden analysieren kann. Blockchain. Quantencomputer. Smart Workspace. Brain-Computer-Interface. Robotik. Nanotechnologie. Und, und, und.

Wenn also 2050 die Hälfte der heutigen Jobs Geschichte sein wird: Was wird das mit dem Selbstverständnis der Leistungsgesellschaft aus heutiger Perspektive machen? Wird es ein bedingungsloses Grundeinkommen geben? Was werden Menschen tun? Welche Perspektiven müssen her?

Fragen, die einen beschäftigen und bewegen. Und wo man weiß, sie sind essenziell für die Gesellschaft.

Corona war auch ein Katalysator für unaufhaltsame Entwicklungen. Den Satz „In jeder Krise liegt auch eine Chance" können manche zwar schon nicht mehr hören, aber natürlich ergeben sich in Umbrüchen neue Möglichkeiten und vorher nicht denkbare Wendungen. Neubeginn. Umstrukturierung. Mit Mut, Fleiß, Ideenreichtum, Kreativität und Flexibilität kann man es schaffen. Wirtschaftliche Komplexität ist ein Faktum. Es braucht den Glauben an ein Morgen, in dem wir alle wieder lächelnd in den Spiegel schauen. Zuversicht kann man nicht schön daherreden. Man muss sie verinnerlichen.

Da nimmt man nachdenklich einen Schluck vom Drink. Cheers, my friend. Wir haben trotzdem und jetzt erst recht Mut. Wir zwinkern in die Zukunft. Wir kokettieren mit dem, was kommen mag, aber wir wissen um unsere Verantwortung. Wichtiger denn je, verantwortungs- und zielbewusst im Heute zu leben, um das Morgen erfolgreich zu gestalten. Moving Forward ist der Hochleistungsakku der Gegenwart. Nur wer heute etwas tut, gestaltet die Welt von morgen.

WAS WIR UNS MERKEN KÖNNEN

→ Die Digitalisierung schreitet unaufhaltsam voran. Schrecken wir uns nicht vor ihr, begegnen wir ihr mutig. Machen wir sie uns zunutze. Die vierte industrielle Revolution gehört uns.

→ Fürchten wir uns nicht vor einer Rezession, stellen wir uns mutig mit neuen Ideen und Konsequenz den wirtschaftlichen Herausforderungen.

→ Junge Leute streben nach einer idealen Work-Life-Balance. Sie wollen Geld verdienen, klar, aber vielmehr wollen sie in ihrem Job aufgehen. Sich selbst verwirklichen und gestalten.

→ In dreißig Jahren wird es einen von zwei Jobs, die heutzutage unser Arbeitsleben bestimmen, nicht mehr geben. Was es braucht, ist Flexibilität. Wer sich schnell anpasst, bestimmt das Morgen.

→ Social Media ist essenziell für das Heute. Aber wir lassen uns nicht davon knechten. Es muss elektronische Pausen geben, um miteinander reden zu können, von Angesicht zu Angesicht. Und jedes Treffen mit Freunden und auch Andersgesinnten erweitert den Horizont.

2.

Ein guter Tag beginnt mit
Start-up-Spirit

2. Kapitel

Ein guter Tag beginnt mit Start-up-Spirit

»Jede gute Idee in der Wirtschaft passiert nur einmal.« Paypal-Gründer Peter Thiel hat schon recht, wenn er das behauptet. Natürlich ist es leichter, ein Produkt in einem Land zu kopieren und in einer anderen Ecke der Welt neu aufzuziehen, das nennt sich dann Globalisierung, siehe Asien. Aber das ist nicht der Weg von 0 nach 1, sondern von 1 nach n. Also Reproduktion, nicht Schaffenskraft.

Thiels Beispiel: Wenn du eine Schreibmaschine hast und du kopierst sie hundert Mal, machst du nur einen horizontalen Fortschritt. Aber wenn du eine Schreibmaschine hast und erfindest dann ein nie vorher dagewesenes Textverarbeitungssystem, ist dein Fortschritt vertikal, also von 0 nach 1.

Der nächste Mark Zuckerberg wird keine Social-Media-Plattform erfinden, der nächste Bill Gates wird kein Betriebssystem schaffen. Man sollte sich von diesen Ideen inspirieren lassen, sie aber niemals nachmachen. In der Blaupause steckt das Wort Pause, stehenbleiben, wir aber bewegen uns vorwärts, moven forward. Wir kopieren nicht, wir kreieren.

Es.
Geht.
Immer.
Weiter.

Der beste Pfad ist neu und unwegsam, doch führt er zum größten Erfolg. Mit Hilfe von neuen Technologien kann sich eine Gesellschaft weiterentwickeln und bessere vereinfachte Wege für alte Probleme finden. Die neuesten Technologien kommen gern im Mantel eines Start-ups daher. Warum? In großen Organisationen mahlen die Mühlen langsam. Die bürokratische Hierarchie ist zu lahm, und die Führungskräfte fürchten sich vor Risiken. Man will doch nicht am eigenen Stuhl sägen. In vielen alteingesessen Firmen geht es den Mitarbeitern nicht um Fortschritt und die Arbeit an sich, sondern um den Aufstieg auf der Karriereleiter. Wir kennen alle ein paar Wirtschaftsbergsteiger, denen mit vierzig oder fünfzig das Business-Sicherungsseil gerissen ist, ein falscher Schritt, und schon droht der freie Fall. Dann stehen sie da, die Manager, und wissen nicht mehr, was sie managen sollen.

Der größte Vorteil eines Start-ups ist frisches, uneingeschränktes Denken. Der Blick aufs Wesentliche. Die Möglichkeit, quer zu denken. Denn damit ein Start-up erfolgreich wird und nicht in der Startphase steckenbleibt, muss es das Dagewesene infrage stellen und von Grund auf alles neu überlegen. Disrupt your boredom. Leg dich ins Zeug, mach was, trau dich, du kannst das!

Der Wettbewerb wird in unserer westlichen Gesellschaft angepriesen, als wäre er das notwendigste Tool der Wirtschaft. Leistung, Leistung, du musst mehr leisten, sonst kommst du in die Hölle. Schon in der Schule wird mittels Noten den Kindern das Wettbewerbsdenken eingetrichtert.

Doch Peter Thiel sagt: Je mehr wir wetteifern, desto weniger gewinnen wir.

Ich finde: Die Balance macht's aus.

Ein gutes Beispiel dafür ist die Rivalität zwischen Google und Microsoft. Die zwei Tech-Giganten kommen ursprünglich aus zwei verschiedenen

Richtungen. Google erfand eine Suchmaschine, Microsoft schuf Betriebssysteme und Office-Programme. Und doch fanden sie einen Weg zu konkurrieren: Windows vs. Chrome Os. Bing vs. Google search, Explorer vs. Chrome, Office vs. Google Docs oder Surface vs. Nexus.

Versus als Sukkus. Das Dagegenstellen ist etwas typisch Menschliches.

Dieser künstlich produzierte Wettkampf hat den beiden Tech-Giganten ihre Vorherrschaft gekostet. Der uns allen bekannte Player namens Apple nützte die Gunst der Stunde und überholte die beiden. Apples Marktwert betrug im Jahr 2013 500 Milliarden US-Dollar, während jener von Google und Microsoft zusammen rund 470 Milliarden ausmachte. Nur drei Jahre davor war Google und Microsoft jeweils mehr wert als Apple. Im Sommer 2018 hatte Apple übrigens als erstes Privatunternehmen überhaupt einen Börsenwert von einer Billion US-Dollar erreicht, das sind 860 Milliarden Euro. Insgesamt konnte Apple seinen Börsenwert seit seinem Börsendebüt 1980 um mehr als 50.000 Prozent steigern. Das muss man einmal schaffen mit einem Telefon, das mutmaßlich nicht das beste der Welt ist, und Computern, die teurer sind als PCs. Steve Jobs hatte die richtige Balance aus Wahnsinn und Vision. Und obwohl Microsoft Ende 2018 wieder die Vorherrschaft im globalen Unternehmensranking errungen hat, genießt Apple den Ruf der eleganten Coolness.

Im Oktober 2010 hat ein amerikanisches Start-up ein kleines quadratisches Gerät erfunden, das es jedem erlaubt, mit seinem iPhone Kreditkartenzahlungen zu erhalten. In den folgenden Monaten sind viele Imitate auf den Markt gekommen. Eine kanadische Firma namens Netsecure hat einen Kartenleser in Form eines Halbmondes entwickelt. PayPal wollte auch ein Stück vom Kuchen und brachte ein Gerät in Form eines Dreiecks. Man könnte meinen, dieser Wettkampf könnte nur enden, wenn den Unternehmen keine geometrischen Formen mehr einfielen.

Eine der größten Fragen in der Wirtschaft: Ist man erfolgreich durch Glück oder Fähigkeit?

Jeff Bezos führt den Erfolg von Amazon auf »die perfekte Ausrichtung der Planeten« zurück. Demnach wäre die Gunst der Stunde eine interstellare Laune.

Und Bill Gates meint: »Ich bin mit den richtigen Fähigkeiten geboren.« Chill, Bill! Mit den richtigen Skills lässt sich alles erreichen? Braucht es Talent, um reich zu werden? Mehr Neuronen, um verrückte Schaltkreise zu ermöglichen? Stimmt das oder ist das nur ein Marketing-Gag?

Ein Reporter von *The Atlantic* hat in einem Tweet geschrieben: »Erfolg ist niemals Zufall … sagen alle weißen Multimillionäre.«

Stimmt schon, dass erfolgreiche Menschen es aufgrund ihres Netzwerks, ihres Vermögens oder ihrer Erfahrung leichter haben, etwas Neues zu starten. Aber auch diese Menschen haben einmal irgendwo und irgendwie angefangen.

Nehmen wir einmal die Kunst. Es ist leicht, ein Bild von Barnett Newman zu kritisieren: »43 Millionen für einen Strich?« Doch er hatte lange Zeit keinen Erfolg. Jeder muss den ersten Schritt wagen und seinen eigenen Weg gehen. Newmans Bilder waren seiner Zeit weit voraus und stießen zunächst auf Ablehnung. Dennoch hat er seinen Stil beibehalten und hartnäckig verteidigt. Erst in späteren Jahren wurde er erfolgreich. Und seine Bilder erreichen heute höchste Preise auf dem Kunstmarkt.

Stephen King wurde am Beginn seiner Schriftstellerkarriere von Dutzenden Verlagen und Magazinen abgelehnt. Mit der Begründung, er schreibe so schlecht. Sein Manuskript zum Welterfolg *Carrie* hat nicht einmal seinen eigenen Qualitätsvorstellungen entsprochen, deshalb warf er es weg. Seine Frau Tabitha holte es aus dem Mistkübel und schickte es einem Verlag. Mittlerweile hat der Mann mehr als 450 Millionen Bücher verkauft. Natürlich braucht der Mensch Glück.

Seit der Renaissance meinten viele, Glück sei etwas Kontrollierbares. »Das Glück des Tüchtigen« ist keine Floskel, die man so dahinsagt. Dieses Sprichwort beinhaltet Wahrheit. Wer unbeirrt seine Idee verfolgt und hart arbeitet, hat bessere Chancen. Der glückliche Zufall wird wahrscheinlicher.

Die Elferfrage des Lebens ist: Kannst du deine Zukunft kontrollieren?

Du hast entweder die Möglichkeit, deine Zukunft als ungewiss zu sehen, oder einen konkreten Plan zu entwickeln. Die meisten jungen Menschen bestreiten ihre Ausbildung ohne ein konkretes Ziel. Jeder muss alles können und verliert somit den Durchblick. Das heutige Schulsystem ist auf die Schwächen der Schüler ausgelegt. Das Motto: Schwächen mit viel Zeit und Energie ausmerzen und Stärken links liegen lassen. Eigentlich sollte man sich bewusst sein, worin man gut ist, und dann seine volle Aufmerksamkeit genau diesem Talent widmen. Denn es ist besser in einer Tätigkeit herausragend zu sein als in vielen durchschnittlich bis gar nicht.

Das Mittelmaß ist tödlich für den Erfolg. Würdest du in eine mittelmäßige Idee investieren? Sagen wir, in eine Partnerbörse für Menschen, die violette Autos fahren? In den Bau eines Erlebnisparks in der Arktis? In eine Killer-App, die wahllos Daten auf deinem Handy löscht?

Eben.

Einen gut durchdachten Plan zu haben, ist im Business lebens- und überlebenswichtig. Nur wer weiß, *was* er tut, kann das, was er tut, besser machen als andere, die das auch versuchen. Ich denke, also bin ich – besser.

Man schaue sich nur Facebook an. Als Yahoo im Juni 2006 anbot, die Social-Media-Plattform um eine Milliarde Dollar zu kaufen, war für Gründer Mark Zuckerberg klar, dass er nicht verkauft. Denn er hatte einen guten Plan und wusste, dass seine Firma in Zukunft weit mehr wert sein würde. In einer Welt, in der die meisten die Zukunft als ungewiss ansehen, muss man den Durchblick bewahren. Panik ist ein schlechter Ratgeber. Und Geiz, der kleine Bruder der Gier, stoppt jede Art der Weiterentwicklung.

Viele hochintelligente Aussagen von weniger erfolgreichen Menschen sind in Vergessenheit geraten, doch Zitate von einigen wenigen umgeben uns in fast jeder Lebenssituation. Alles eine Frage von Aufwand, Wirkung und Ergebnis.

Der italienische Ökonom Vilfredo Pareto hat diesen Umstand im Jahre 1906 mit der 80-zu-20-Regel erklärt, die später als Pareto-Effekt in die Geschichte einging. Er stellte fest, dass in seinem Garten 20% der Erbsenschoten 80% seiner Erbsen produzierten. Dasselbe galt in seiner Zeit für Grundbesitzer: 20% der Italiener besaßen 80% des Landes.

Das gilt heute noch für die Umsetzung großer Pläne: 80% der Ergebnisse werden mit 20% des Gesamtaufwandes erreicht. Die restlichen 20% brauchen mit 80% das meiste Engagement und fressen die meiste Zeit. Es wäre also schon wichtig zu wissen, und zwar im Voraus, welche zwei Punkte in einem persönlichen Zehn-Punkte-Plan den Großteil der gewünschten Wirkung erzielen. Signore Pareto hat es gewusst. Allerdings hat er auch kein Start-up hochziehen müssen. Es redet sich leichter, als wirklich zu handeln.

Konzeptkaiser bringen keine Businessbabys auf die Welt.

Irgendwann braucht es zum guten Plan zwei Dinge. Ressourcen und gute, motivierte Leute.

Wie schaut das perfekte Arbeitsklima aus? Laut PayPal-Mitbegründer Peter Thiel sollten die Mitarbeiter ihre Arbeit lieben, so sehr, dass sie teilweise nicht einmal mehr nach Hause gehen möchten. Der Arbeitsplatz sollte offen sein, es sollte Möglichkeiten für Entspannung und Vergnügung geben. Aber am allerwichtigsten ist die Chemie zwischen den Mitarbeitern, am besten so wie in einer großen Familie. Durch ein harmonisches Arbeitsklima steigen die Produktivität und vor allem die Kreativität. Die Harmonie in einem Unternehmen ist das A und O für eine erfolgreiche Entwicklung.

Das ist mir auch in meiner eigenen Firma, der JMC, sehr wichtig. Gute dynamische Stimmung, klar, zu locker darf es auch nicht sein, aber gemeinsam motiviert an einem Strang ziehen. Als

Kommunikationsagentur mit Schwerpunkt auf Kampagnen, Events und Social Media stehen wir desgleichen immer vor der Herausforderung, alle Trends und Innovationen *state of the art* für den Kunden zu implementieren und uns nach innen und außen immer wieder neu zu erfinden.

Wer gerne arbeiten geht, kann die Welt aus den Angeln heben. Und wer hart arbeitet, soll auch mal ordentlich feiern dürfen. Work hard, play hard.

Deswegen sollte man bei einem Einstellungs-Interview darauf achten, ob der Bewerber zum Team passt. Damit sind nicht nur Persönlichkeitszüge gemeint, sondern auch Hobbys. In den Anfängen von PayPal war jedes Mitglied des Teams *Cryptonomicon*-(eine Science-Fiction-Serie) und *Star-Wars*-Fan. Diese spezifischen Gemeinsamkeiten in Verbindung mit der Hingabe zum gemeinsamen Ziel formen eine starke Verbindung zwischen den Mitarbeitern. Siehe Beispiel Fußball: Man kann die besten Spieler der Welt einkaufen; wenn sie sich nicht verstehen, wird man keinen Titel gewinnen.

Außerdem sollte man für jeden Mitarbeiter eine spezielle Aufgabe finden. Eine klare Aufgabe. Nicht siebzehn oder neun oder vier. Eine. Und die dafür genau definiert. Unmissverständlich. Du kümmerst dich bitte um die Grafik. Du schreibst uns den Text. Du verkaufst das Produkt. Du mixt die Gin Tonics (kleiner Scherz). Jedenfalls, das vereinfacht nicht nur die Verwaltung, sondern reduziert die Chance eines Konflikts zwischen Mitarbeitern.

Manchmal ist die Verbindung in einem Team so stark, dass Mitglieder ihre Familien und Freunde ignorieren und sich nur noch mit ihren Kollegen treffen. Als Arbeitgeber kann man sich freuen, als (Ehe-) Partner eher nicht.

In den besten Fällen entsteht in großer Leidenschaft für das Unternehmen eine ganz eigene Kultur. Das Team weiß etwas, das andere nicht wissen, und verfolgt diesen Weg geradezu enthusiastisch. Wir schaffen etwas ganz Neues. Was wir tun, kann weltbewegend sein. Wir sind die Company, und die Company kann Geschichte schreiben.

Und es braucht natürlich vor allem eines: Sales. Der Sale ist wie Blut, bringt Leben in die Firma, er zahlt die Gehälter, er bestimmt, ob das Unternehmen wächst oder dichtgemacht wird. Verkauf umgibt uns immer, ob wir es merken oder nicht. Viele Menschen glauben, dass sie von Werbung oder Salesstrategien nicht beeinflussbar sind. Sie täuschen sich. Natürlich ist ein schlechter Verkäufer leicht zu durchschauen, aber bei einem Großmeister des Sales merken wir nicht einmal, dass er uns zu etwas bewegt hat.

Manche Erfinder und Ingenieure glauben, dass nur die Qualität ihres Produkts über den Erfolg ihres Unternehmens bestimmt, aber sie irren sich gewaltig. Ohne eine gute Salesstrategie und ein hervorragendes Vertriebsteam geht das beste Produkt flöten.

Große Sales, im Bereich von 10 Millionen Dollar aufwärts, funktionieren laut Peter Thiel am besten ohne ausgewiesene Verkäufer. Alex Karp, der CEO einer Softwareentwicklungsfirma namens Palantir, stellt gar keine Vertriebler ein. Stattdessen verbringt er 25 Tage im Monat mit Reisen. Weil sich die Deals im Bereich von 1 bis 100 Millionen US-Dollar abspielen, wollen die Käufer lieber mit dem CEO sprechen als mit dem Head of Sales oder sonst jemandem.

Aber diese Strategie ist für Start-ups und viele Unternehmen, die schon lange existieren, nicht brauchbar. Im Jahr 2008 hat Box eine Technologie erfunden, die es Firmen erlaubt, ihre Daten sicher in einer Cloud zu speichern. Doch die Unternehmen wussten nicht, dass sie das brauchen. Im Sommer 2008 hat Box einen dritten Verkäufer angestellt, der anfing, Beziehungen zu Kunden aufzubauen. 2009 haben sie einen Account an die Stanford Sleep Clinic verkauft. Mit Box konnten Wissenschafter die Ergebnisse ihrer Forschung sicher abspeichern. Das hat so gut funktioniert, dass Stanford heute jedem Studenten und Angestellten einen Account anbietet. Hätte das Sales-Team versucht, dem Präsidenten der Uni einen Millionen-Deal anzubieten, hätten sie nichts verkauft, und Box wäre bankrott gegangen.

Wenn die Funktion eines Produkts so gut ist, dass Benutzer ihre Freunde dafür anwerben, ist die Königsklasse des viralen Marketings erreicht. Mit viralem Marketing haben es Facebook und PayPal geschafft, international erfolgreiche Unternehmen zu werden.

Das Ganze soll so reibungslos verlaufen wie das Video eines süßen Kätzchens. Ein User sieht den niedlichen Stubentiger und leitet ihn weiter an seine Bekannten, nach kurzer Zeit erreicht das Video Tausende Klicks. Manchmal benötigt so ein viraler Effekt ein wenig Starthilfe. In der Start-up-Phase von PayPal hatte der Online-Zahlungsdienst nur 24 User. Also zahlten sie Neukunden 20 Dollar, damit sie sich anmelden. Die Userbase hat sich so alle zehn Tage verdoppelt, das Unternehmen hatte nach vier bis fünf Monaten Hunderttausende neue Benutzer.

Die Weiterentwickelbarkeit einer Idee oder eines Start-ups braucht Mut und Optimismus. Es ist nicht der Kampf Mensch gegen Maschine. Ja, immer mehr Menschen verlieren ihre Jobs an Maschinen. Ob in Tankstellen oder Fast-Food-Lokalen. Man sieht immer mehr Computer statt Arbeiter. Und natürlich fürchten viele, dass in Zukunft Taxis und Chauffeure durch selbstfahrende Autos ersetzt werden.

Mit der immer rasanter wachsenden Entwicklung von neuen Technologien stellt sich die Frage, ob es in 30 Jahren nicht nur die Hälfte der heutigen, sondern ob es überhaupt noch Jobs für Menschen geben wird. Doch laut Peter Thiel ist diese Annahme falsch: Er meint, dass Computer den Menschen ergänzen statt ersetzen. Denn im Gegensatz zum Menschen konkurrieren Computer nicht um Jobs und Ressourcen.

Am Anfang den 21. Jahrhunderts waren sich alle einig, dass erneuerbare Energie die nächste große Sensation wird. Energie ist die Zukunft! Investoren haben mehr als 50 Milliarden Dollar in diverse Start-ups gesteckt.

Und trotz alldem sind die meisten Unternehmen aus diesem Bereich bankrott gegangen. Peter Thiel glaubt, der Grund, warum diese Unternehmen versagt haben, ist, weil sie nicht diese sieben Fragen beantwortet haben:

1. Kannst du eine bahnbrechende Technologie erfinden statt nur minimale Verbesserungen?

2. Ist die Zeit reif für dein Unternehmen?

3. Startest du mit einem großen Anteil an einem kleinen Markt?

4. Hast du das richtige Team?

5. Weißt du, wie du dein Produkt richtig vermarktest?

6. Wird deine Position am Markt gesichert sein, auch für die nächsten zehn, zwanzig Jahre?

7. Hast du eine besondere Möglichkeit, die andere übersehen haben?

Das hört sich alles simpel an, ist es freilich nicht. Trotzdem sollte sich jeder Jung- oder sonstige Unternehmer diese sieben Fragen stellen und gleich beantworten. Und dabei immer den Blick nach vorne gerichtet haben. Moving Forward.

Die Zukunft ist ungewiss, aber jeder kann seinen Beitrag leisten. Die Aufgabe der Menschheit ist es, neue Dinge zu erfinden, die unsere Zukunft nicht anders, sondern besser macht. 0 ist 0. Besser den Schalter auf 1 umlegen. Im ersten Schritt muss jeder selbst überlegen, was das für einen bedeuten könnte. Nur wer in neuen Methoden und disruptiver Frische denkt, kann die Welt aus den Angeln heben. Und im Idealfall nachhaltig verbessern.

WAS WIR UNS MERKEN KÖNNEN

→ Der größte Vorteil eines Start-ups ist uneingeschränktes Denken. Der Blick aufs Wesentliche. Die Möglichkeit, quer zu denken. Damit ein Start-up erfolgreich wird, muss es das Dagewesene infrage stellen und von Grund auf alles neu überlegen. Disrupt your boredom. Leg dich ins Zeug, mach was, trau dich!

→ Glück ist idealerweise etwas Kontrollierbares. Wer unbeirrt seine Idee verfolgt und hart arbeitet, hat bessere Chancen. Der glückliche Zufall wird wahrscheinlicher.

→ Irgendwann braucht es zum guten Plan zwei Dinge. Ressourcen und gute, motivierte Leute. Durch ein harmonisches Arbeitsklima steigen Produktivität und Kreativität. Die Harmonie in einem Unternehmen ist das A und O für eine erfolgreiche Entwicklung.

→ Das gilt auch für einen selbst: Wer gerne arbeiten geht, kann die Welt aus den Angeln heben.

→ Hinterfrage deine Strategien, deine Firma, deine Geschäftsidee, und zwar umfassend. Erst wenn alle Fragen geklärt sind, sind auch die meisten Hemmnisse aus dem Weg geräumt, und der Weg zum Erfolg ist frei.

3. Kapitel

Original genial, massiv kreativ

Wer war der zweite Mann am Mond? Öh … hm. Also Neil Armstrong war der erste. Aber dann? Wer ist ihm gefolgt auf seinem kleinen Schritt für ihn, aber diesen großen Sprung für die Menschheit? Jessas, Moment, gleich hab ich's: Alright. Nein – Aldrin! Buzz Aldrin.

Nächste Frage: Wie heißt der Stellvertreter von Jeff Bezos, mit 150 Milliarden Dollar der reichste Mann der Welt? Öh… keine Ahnung. Vize-Jeff?

Die Originalität liegt weniger im Recht, der Erste zu sein. Sie liegt im Alleinstellungsmerkmal, der Unique-Selling-Proposition. Das ist Marketing in seiner reinsten und besten Form.

Um eine revolutionierende Idee durchzusetzen, muss man nicht nur Durchsetzungskraft haben, sondern auch Respekt. Hat man zu wenig Respekt, wird man verstoßen. Hat man zu wenig Durchsetzungskraft, hört einem niemand zu. Ein gutes Maß an beidem hilft, seine Idee durchzusetzen und dafür zu sorgen, dass sie anerkannt wird. Die Idee muss glänzen, nicht das Ego. Ego darf nie überborden, das muss immer für uns alle gelten.

Wenn man einem Komitee oder einer Runde Investoren etwas präsentiert, muss man immer bedenken: Diese Leute sind skeptisch. Sie wissen nicht, ob sie ihr Geld in dieses Projekt investieren sollen oder nicht. Die Taktik, alles Positive hervorzuheben und das Negative nichtig erscheinen zu lassen, ist gut bei einem unterstützenden Publikum. Bei skeptischen Menschen jedoch ist es von Vorteil, folgende Taktik anzuwenden: Investoren versuchen, Fehler in deinen Argumenten und Schlechtes an deinem Projekt zu finden, das du vielleicht vertuschen oder verschleiern willst. Sie wollen dich testen. Eventuell sogar bloßstellen. Gescheiter sein. Cleverer und schneller in der Auffassungsgabe. Wenn du ihnen aber von Anfang an offen auch die negativen Aspekte auslegst, dann bewundern sie deine Courage und suchen nicht mehr nach Schönfärberei in deinen Worten und Argumenten. Wodurch man kleine

Probleme vielleicht nicht erwähnen braucht. So wird man ein Original und gilt noch dazu als originell.

Der amerikanische Psychologe und Bestsellerautor Adam Grant führt in seinem Buch *Fools Rush In* vier Gründe, warum das eine gute Taktik ist:

▷ Wenn wir bemerken, jemand versucht uns zu beeinflussen, dann schirmen wir uns gleich mental ab, da Gefahr droht. Wir fallen typischen Maklertricks zum Opfer. Aber wenn man mit den Schwächen beginnt, rechnet man nicht unbedingt damit, und die Zuhörer lassen ihre Schutzmauer fallen.

▷ Es lässt dich klüger erscheinen. Besonders wenn man etwas kritisieren soll wie einen Artikel oder ein Buch oder eine neue App, so sollte man immer auch einen negativen Kommentar miteinbeziehen. Denn eine positive Kritik kann jeder schreiben, aber wenn sie negativ ist, dann hat man das Gefühl, der Kritiker kennt sich gut aus und weiß, wovon er redet. Selbstkritik zeigt obendrein, dass man über den Dingen steht und scheinbar unparteiisch ist.

▷ Der wichtigste Punkt ist, dass man vertrauenswürdig erscheint. Wenn man die Fehler aufzählt, wirkt man nicht nur kompetent und ehrlich, sondern sogar bescheiden. Wenn das Publikum sie noch nicht bemerkt hat, kann das natürlich schlecht für dich sein, aber meistens wissen Investoren so etwas schon und warten nur darauf, deine positiven Argumente zu zerpflücken. Somit nimmt man ihnen Arbeit ab, und alles Gute, was man sagt, wirkt vertrauenswürdiger.

▷ Am Ende ist es dann oft so, dass das Publikum eine positivere Einstellung zu dem Objekt oder dem Produkt oder der Idee hat. Wenn man ein paar wichtige Fehler sagt, es aber doch wenig genug sind, dann versuchen sie andere Probleme zu finden, und wenn sie dann keine finden, sind sie überzeugt, dass das Objekt so wenige Fehler hat, also gut sein *muss*. Sie denken nicht tiefer, da sie alle Probleme zu kennen glauben.

Genialität braucht eines: Zeit. Den göttlichen Funken zünden, den magischen Moment spüren, wo einem einschießt: Yeah. Cool. So könnte es gehen. Ja, JA! Gute Dinge kann man handwerklich und auf Abruf bewerkstelligen, Geniestreiche nicht. Die schüttelt man nicht einfach so aus dem Ärmel. Dafür braucht es paradoxerweise Ablenkung.

Adam Grant dazu: »Etwas aufzuschieben mag der Feind der Produktivität sein. Aber es kann auch die Ressource der Kreativität sein.«

Forscher haben Versuche durchgeführt, bei denen Mitarbeiter in einem Unternehmen neue Ideen beisteuern sollten. Einigen wurde aufgetragen, das sofort zu machen, während andere zuerst was anderes tun sollten, PC-Games spielen, lesen, kochen oder sonst was. Und am Ende waren jene, die die Zeit etwas kommen hatten lassen, zwar später fertig, dafür hatten sie bessere und kreativere Ideen.

Es kommt nicht darauf an, was man macht. Sondern es scheint vielmehr so zu sein, dass das Gehirn, wenn es eine komplexe Aufgabe gestellt bekommt, autonom weiterarbeitet. Wie ein Hintergrundprogramm, das die Lösung eigenständig sucht. In einem weiteren Versuch haben die Forscher einzelne Personen vor der Aufgabenstellung Videospiele spielen lassen, dann mussten sie direkt an die Arbeit gehen. Das Ergebnis war nicht viel anders als das jener Probanden, die sich sofort an die Arbeit gemacht hatten. Daraus lässt sich erkennen, dass die Ideen nicht etwa von

Videospielen oder sonst wo herkommen oder davon angeregt werden. Es kommt bloß auf die verstrichene Zeit an, in der die Aufgabenstellung im Gehirn verarbeitet und durchdacht werden kann. Das heißt, kreativere und bessere Ergebnisse wurden nur erbracht, wenn man es *absichtlich* hinauszögert.

Wie sich herausstellt, ist das ein weitverbreitetes Verhalten großer Denker. So wie bei Leonardo da Vinci. Er hat an seiner *Mona Lisa* in einer Zeitspanne von ungefähr sechzehn Jahren immer wieder weitergemalt und dazwischen seinen Pioniergeist mit optischen Experimenten oder anatomischen Überlegungen beschäftigt. Dieses Brüten hat ihm am Ende geholfen, das Bild in Perfektion abzuschließen. Auch *Das letzte Abendmahl* ist über einen Zeitraum von rund fünfzehn Jahren entstanden und war lange Zeit nur vielfach in Skizzen festgehalten, mit vielen Unterbrechungen schraffiert, gemalt und feinjustiert, bis Leonardo es abgesegnet und der Welt geschenkt hat.

Die Kunst eines »kontrollierten Zögerns« ist kein Verschieben-auf-morgen, sondern bewusstes Zulassen aller Möglichkeiten, Warten auf den richtigen Augenblick. Die Eingebung. Den Flow, wie man heute sagt.

Martin Luther King hat seine »I have a dream«-Rede erst in den letzten Tagen geschrieben und Abraham Lincoln seine Gettysburg-Rede erst am Abend davor.

Das Zaudern hat mitunter einen anderen Vorteil: Es macht zugänglicher für jede Improvisation. Wenn man etwas wie eine Rede lange im Voraus plant, ist man eher geneigt, dem Text treu zu bleiben. Um zu Luther King zurückzukehren. »I have a dream« – diese Worte waren weder in seinen vorher gesammelten Ideen, noch in dem vorgeschriebenen Text enthalten, er hat sie improvisiert. Am Ende hat Martin Luther King so viel improvisiert, dass seine Rede doppelt so lang war, wie am Anfang vorgesehen.

Wenn man eine neue Idee hat, sollte man überlegen: Will man wirklich sofort auf den Markt stürmen und riskieren zu scheitern? Oder wartet man, um die Ideen der anderen zu verbessern? Das ist der strategische Unterschied zwischen sogenannten Pioneers und Settlers, Vorreitern und Ansiedlern.

Die Ersten werden eben nicht immer die Ersten bleiben, wenn die Zweiten und Dritten das gleiche Produkt unter einem anderen Namen zum halben Preis anbieten. Weil sie sich die Anlaufkosten sparen und die Kinderkrankheiten des Produkts alle ausgemerzt haben. Das widerspricht vielleicht auf den ersten Blick dem Konzept des ersten Manns am Mond. Ich aber möchte es so ausdrücken: Die Idee als ersten Thinktank zu haben, ist immer von Vorteil, keine Frage, was ich meine, ist der Moment der Markteinführung. Der braucht das perfekte Timing.

Oft kommt es auf den Stand der Technologie und der Forschung an. Oder wie eingeschränkt die Menschen zu einer gewissen Zeit denken. So hat zum Beispiel Ignaz Semmelweis 1840 etwas Erstaunliches herausgefunden: Wenn sich Medizinstudenten ihre Hände vor einer Entbindung waschen, senkt das die Todesraten bei den Neugeborenen signifikant. Seine Kollegen haben ihn darauf in eine Nervenheilanstalt einweisen lassen. Erst 20 Jahre später gewann Semmelweis' Idee an wissenschaftlich geprüfter Glaubwürdigkeit. In der Gummizelle lebt sich die Wahrheit im Geiste trotzdem nicht so fein. Nach seinem Tod im Alter von erst 47 Jahren deuteten zahlreiche Ungereimtheiten neben dem Exhumierungsbericht darauf hin, dass Semmelweis in der Landesirrenanstalt Döbling bei Wien umgebracht worden war. Voraus- und querdenken kann lebensgefährlich sein.

Mitunter ist es sicherer, abzuwarten und zu beobachten, wie sich Dinge entwickeln. Das widerspricht auf den ersten Blick Peter Thiels Prinzip, von 0 auf 1 zu schalten, kann aber trotzdem zum Erfolg führen. Jedes Tun braucht ein intensives Nachdenken und die Entscheidung, wann die Rakete starten soll. Launcht man sie einen Tag zu früh, bei Schlechtwetter vielleicht, kann sie explodieren oder am Boden zerschellen. Startet sie bei Schönwetter, schafft sie es locker in den Orbit. Timing!

Wann aber reüssiert man, wann nicht? Als Pioneer oder als Settler? Wer stellt die Stoppuhr des Schicksals auf Erfolg?

Normalerweise ist das Leben immer der Sprint um den ersten Platz, ob mit Erfindungen oder im Büro. Was Start-ups und originelle Ideen angeht, sprechen die Zahlen eindeutig dagegen. Trotzdem glauben Leute lieber an die glorreichen Pioniere und argumentieren mit bekannten Beispielen, wie diese oder jene App die Welt eroberte. Was sie nicht sagen, ist, wie viele Pioniernamen vergessen wurden. Junge Genies, die es nicht geschafft haben. Sie heißen… hm … wie? Egal.

Ansiedler werden oft als Nachahmer abgestempelt. Das stimmt nicht. Anstatt sich dem existierenden Markt anzupassen, warten sie ab, bis sie etwas Neues herausbringen können, das eine bereits vorhandene Kategorie revolutionieren wird.

Wie Nintendo. In dem Bereich von Videokonsolen für zu Hause war der Pionier Magnavox Odyssey im Jahr 1972 mit einfachen Sportspielen. Dann kam Nintendo, ein Ansiedler, im Jahr 1975. Nintendo erhielt die Vertriebsrechte für Japan und hat in den folgenden zehn Jahren Magnavox Odyssey komplett vom Markt gedrängt. Es wurde das originale Nintendo Entertainment System mit Games wie *Super Mario Bros* und *Die Legende von Zelda* geschaffen. Nintendo hatte benutzerfreundliche Controller, gut durchdachte Charaktere und interaktives Role-Playing. Man muss nicht immer der Erste sein, sondern einfach nur anders und besser. Die berühmtesten Ansiedler, die einen bereits vorhandenen Markt eroberten und dann ihre geniale Idee integrierten, sind Facebook und Netflix.

Kreativität, der Zündfunke der Idee und das, was man aus ihr macht, ist nichts anderes als die Lunte des Erfolgs. Und sie zum Brennen zu bringen, ist keine Frage des Alters, des Könnens oder Bildungsgrads. Junge Genies und alte Meister treffen sich auf Augenhöhe.

Viele Erfinder und Genies verlieren ihre kreativen Ideen über die Zeit und sind oft am produktivsten, bevor sie in ihre Vierziger kommen. Hart, aber herzlich gesagt. Das ist aber nicht bei jedem so! Charles Bukowski begann erst mit fünfzig zu schreiben. Alfred Hitchcock feierte seine größten Filmerfolge erst nach vierzig. Kreativität hat auch etwas mit Weisheit zu tun, mit Erfahrungen, die man gemacht hat und aus deren Wissen man neue Ideen schöpft.

Diese unterschiedlichen Höhepunkte in der menschlichen Kreativität zeigen sich am Beispiel von Erfindern. Hier gibt es zwei Herangehensweisen: die gedankliche und die experimentelle. Die gedanklichen Erfinder formieren eine große Idee und bauen langsam auf, um sie auszuführen. Die experimentellen Erfinder arbeiten nach dem Trial & Error-Prinzip. Sie versuchen und versagen, lernen so dazu, um ihr Konzept ausfeilen zu können. Die einen planen im Voraus, während die anderen alles entscheiden und herausfinden, während sie in der Situation sind, in der sie es brauchen. Das ist wie beim Laufen. Es gibt Sprinter, die vorher ihre Kraft sammeln und in einem Moment auf hundert Meter alles leisten müssen. Und es gibt Marathonläufer, die sich alles einteilen, die probieren, ihre Kraft kontinuierlich in Energie umzusetzen.

Wenn du etwas Neues erfindest, das den Status quo herausfordert, beginne, den Leuten zuerst das Warum zu erklären. Erläutere deine Ideen und Visionen zu diesem Projekt und wofür es nützlich wäre. Man muss nur aufpassen, nicht zu radikal oder futuristisch zu klingen. Jede Idee soll nachvollziehbar sein. Etwa: »Ich habe eine App entwickelt, mit der man mit nur einem Wischen am Smartphone 50 Cent an die Kinderkrebshilfe spendet.«

Ist das Projekt so komplex oder kompliziert, dass es sich nicht in einem Satz erklären lässt, bietet sich an, die Idee wie einen Kuchen in Schnitten aufzuteilen und zu servieren. Angenommen, man entwickelt im Bereich Corporate Wording eine neue Sprache für ein Unternehmen inklusive diverser Kommunikationsstrategien, ist es besser zu sagen: »Unser Geschäftsmodell sind die Buchstaben. Wir können schreiben und zeigen großen Firmen, wie sie sich besser mit ihren Kunden verständigen können. Das heißt, wir entwickeln für ein Unternehmen eine eigene, unverkennbare Sprache, die alle verstehen.«

Die Kunst liegt in der Einfachheit.

Alles Simple ist genial. Und alles Geniale ist simpel.

Jeder Filmplot lässt sich in drei Sätzen erklären. Es kommt nur darauf an, wie verständlich man seine Idee dem Gegenüber darlegt.

Wehre dich gegen zu viel Gruppendenken. Nimm Kritik und andere, neuartige Ideen auf. Wenn man sich nur mit Leuten umgibt, die einem immer zustimmen, fühlt man sich zwar gut, wird aber auf Dauer gesehen versagen.

Diesen Fehler beging Edwin Land, der Erfinder von Polaroid. In der Firma waren alle der Meinung, dass die Kunden immer Kopien ihrer Fotos direkt auf die Hand haben wollen und nicht nur das digitale Wirrwarr, das irgendwo am Computer versauert. Die Leute in der Company, die diese schwerwiegenden Entscheidungen trafen, waren alle dieser Meinung und haben es nie hinterfragt. Als es nach Jahren des Erfolgs dann soweit war, dass Polaroid Probleme bekam und sie eine neue Idee gebraucht hätten, um das Unternehmen zu retten, wurde Edwin Land noch abweisender gegenüber anderen Meinungen. Er umgab sich nur noch mit Leuten, die seiner Meinung waren und ihn bekräftigten. Er ließ keine Kritik zu, war gefangen in der Echokammer seiner Sturheit.

Als sie einen Ingenieur namens Carl Yankowski einstellten und dieser vorschlug, jemanden dazuzuholen, um die Polaroidkamera ins Digitale zu versetzen, schüttelten alle nur den Kopf. Nie im Leben. Keine Chance. Edwin Land winkte ab. Crazy! Nicht in unserer Company. Polaroid bleibt analog, Punkt. Yankowski gab schließlich auf, verließ Polaroid und ging zu Sony. Dort schuf er die PlayStation und verdoppelte den Umsatz in nur vier Jahren.

Wenn Mister Land auf neuen, kreativen Input gehört und nicht an einer alten Idee festgehalten hätte, wäre Polaroid vielleicht noch einmal groß geworden. So ist das Ruhmesbild heute vergilbt wie ein altes Foto.

Physiologisch gesehen hat unser Körper ein Go-System und ein Stop-System. Das Go-System macht einen aufgedreht und aufgeregt, es putscht einen auf. Das Stop-System hingegen macht vorsichtig und aufmerksam, schärft somit die Sinne. In Angstsituationen kann man das Go-System bewusst aktivieren, indem man das Negative gedanklich wegschiebt und sich auf den positiven Aspekt konzentriert, selbst wenn er noch so gering ist. Dadurch aktiviert man im Gehirn den Mechanismus, der Enthusiasmus ausdrückt: das Go-System. Sobald man sich auf einem bestimmten Weg befindet und leise die Panik einsetzt, ist es wiederum besser, wie ein defensiver Pessimist zu denken. In so einer Situation kann man anstatt die Zweifel in positives Denken zu verwandeln, das Go-System noch weiter vorantreiben, indem man die Angst mit offenen Armen empfängt. Dann nämlich wird sie gar nicht kommen. Und der Weg ist frei, um durchzustarten. Go! Moving Forward.

WAS WIR UNS MERKEN KÖNNEN

→ Um eine Idee durchzusetzen, muss man nicht nur Durchsetzungskraft haben, sondern Respekt bekommen. Die Idee muss glänzen, nicht das Ego.

→ Der wichtigste Punkt ist, dass man vertrauenswürdig erscheint. Wenn man eigene Fehler aufzählt, wirkt man nicht nur kompetent und ehrlich, sondern sogar bescheiden.

→ Die Kunst eines kontrollierten Zögerns ist kein Verschieben-auf-morgen, sondern bewusstes Zulassen aller Möglichkeiten. Warten auf den richtigen Augenblick, die Eingebung, den Flow.

→ Kreativität, der Zündfunke der Idee und das, was man aus ihr macht, ist nichts anderes als die Lunte des Erfolgs. Sie zum Brennen zu bringen, ist keine Frage des Alters, Könnens oder Bildungsgrads.

→ Wenn du etwas Neues erfindest, das den Status quo herausfordert, beginne, den Leuten zuerst das Warum zu erklären. Erläutere deine Ideen und Visionen zu diesem Projekt und wofür es nützlich wäre.

→ Die Kunst liegt in der Einfachheit. Alles Simple ist genial, alles Geniale ist simpel.

4.
Kapitel

So schmeckt der Erfolg

4. Kapitel

So schmeckt der Erfolg

»Iss niemals alleine«, rät US-Netzwerker Keith Ferrazzi, den ich auch mal bei einer Veranstaltung in kleinerem Rahmen in Boston persönlich kennenlernen durfte, in seinem gleichnamigen Bestseller. So wie andere beeindruckende Persönlichkeiten hat er einige spannende Tipps auf Lager, von denen wir viel lernen können.

Der Schlüssel zum Erfolg besteht nicht in einem Krenfleisch und einem Krügerl beim Wirten ums Eck, vielmehr ist es ein Wort, das ausschlaggebend ist: Großzügigkeit.

Auch wenn Niki Lauda immer anderer Meinung war – »ich hab ja nix zu verschenken« –, und wenn die Werbung uns anschreit: Geiz ist geil!, so ist Großzügigkeit jedenfalls eine Tugend. Großzügigkeit ist eine Frage des Stils. Sie zeigt, dass man kein Erbsenzähler ist, und hinterlässt beim Gegenüber ein gutes Gefühl. Natürlich braucht es hier Augenmaß und

Balance. Großzügigkeit darf nie zu Inkorrektheit führen oder Compliance-Richtlinien widersprechen.

Großzügigkeit ist Eigenkapital, das man investiert. Es kommt immer doppelt und dreifach zurück. In meinem Buch *I Connect – Netzwerk Erfolg* habe ich diesen Satz schon einmal fallenlassen: Make friends when you don't need them.

Sprich: Geh nicht nur mit Leuten essen, wenn du etwas von ihnen brauchst. Ein gegrillter Fisch beim Italiener mundet mehr als jede Anbiederei. Man soll anderen helfen, wenn sie es nicht erwarten. Ökonomischer Altruismus wirkt.

Manche Menschen zieren sich, Hilfe anzunehmen, weil sie niemandem etwas schuldig sein möchten. Dort, wo es die Compliance verbietet, ist das natürlich korrekt. In den Augen von Keith Ferrazzi ist es aber manchmal die falsche Einstellung. Man muss Großzügigkeit annehmen, manchmal sogar danach suchen. Der Selfmade-Man (oder die -Woman) ist ein Mythos, niemand wird gänzlich ohne Hilfe erfolgreich. Außer vielleicht beim Lotto oder als Erbe, aber wer Geld in den Schoß gelegt bekommt, ist noch lange kein Erfolgsmensch, sondern eben nur reich.

Ich darf dir guten Gewissens raten: Wenn du die Möglichkeit hast, jemandem zu helfen, dann ergreife sie, ohne eine Gegenleistung zu erwarten. Es zahlt sich im Endeffekt für alle aus, eine Win-Win-Situation. Mit Großzügigkeit baut man ein großes und solides Netzwerk auf. Ein Bollwerk an Kontakten.

Wer mich kennt, weiß, dass ich nicht gerade zurückhaltend im Austeilen von Visitenkarten bin (kleiner Scherz). Und wer *I Connect* schon gelesen hat, weiß: Ich bin ein Fan von Project Cards. Das sind Kommunikationsbotschaften im Scheckkartenformat. Darauf stehen nur die Homepage und der Name des Projekts. Jeder potenzielle Interessent bekommt eine. Diese Karten stecken die Leute ein, und irgendwann fallen sie ihnen wieder in die Hände.

Abgesehen davon bin ich einer, der Dinge aufschreibt. Ja, mit der Hand. So etwas soll es noch geben. Buchstaben auf Papier. Wenn man ein Ziel hat, sollte man es zu Papier bringen, sonst bleibt es nur ein Traum. Durch das Aufschreiben visualisiert man den Gedanken. Er materialisiert sich gewissermaßen durch die eigene Schrift.

Ich schreibe, also bin ich.

Ein Satz. Ein Manifest.

Empfehlenswert in diese Richtung ist der sogenannte *Relationship Action Plan* von Keith Ferrazzi.

Der erste Teil dieses Plans besteht aus der genauen Erfassung der Ziele. Beim zweiten Teil verbindest du deine Ziele mit Personen, Orten und Dingen, die dir dabei helfen. Und beim dritten Teil überlegst du dir die besten Wege, diese Schlüsselpersonen zu erreichen. Damit ist dein Produkt, deine Plattform gemeint, aber noch viel wichtiger: dein Wert. Überlege dir immer gut, was du deinem Gegenüber zu bieten hast. Und vergiss niemals, es geht in erster Linie immer um deinen Kontakt.

Das Ganze solltest du wie einen Trainingsplan für einen Wettkampf sehen, das heißt: Mach etwas jeden Tag.

Menschen treffen, lunchen gehen, telefonisch hallo sagen, mailen, posten, egal. Jeden Tag. Darauf kommt es an. Stephen King schreibt jeden Tag, deshalb schafft er es auch, im Jahr zwei Bücher zu veröffentlichen. Die Kontinuität macht den Erfolg. Wer jeden Tag laufen geht, bleibt nicht nur gesünder und fitter, er hat einen anderen Antrieb. Jeden Tag etwas zu machen, heißt Aktionen setzen. Nicht abwarten, was passiert oder wer sich meldet, sondern in die Offensive gehen. Jeden Tag aktiv sein. Vorwärts gehen.

In Vertriebs-Kreisen sagt man: Deinen besten Kunden kennst du bereits. Genau dasselbe Prinzip gilt für das Netzwerken. Versuche, ein besseres Verhältnis zu deiner Familie, deinen Freunden oder deinen Arbeitskollegen herzustellen. Oder eben zu potenziellen Geschäftspartnern. Triff dich periodisch mit all deinen Kontakten, plane deine Freizeit sorgfältig und vermeide es, dich immer mit denselben Leuten zu treffen. Das bringt nichts und kostet nur Zeit.

Achte immer darauf, dass du intelligente Sätze formulierst, und dann trage sie mit Leidenschaft vor. Passion! Dein Ansehen steigt mehr, wenn du in einer Stunde nur zwei hochwertige Sätze sagst, als wenn du dich andauernd krampfhaft einzubringen versuchst.

Alle, die mich kennen, werden jetzt grinsen. Okay, stimmt schon, ich bin vielleicht manchmal ein wenig zu offensiv beim Reden. Kann passieren.

Es gibt da diesen herrlichen lateinischen Satz:

Si tacuisses, philosophus mansisses.

Wenn du geschwiegen hättest, wärst du ein Philosoph geblieben.

Besser einfach mal nichts sagen.

Nachdenken, immer nachdenken, bevor man etwas ausspricht oder ein neues Thema anschneidet, das vielleicht in einem Desaster endet.

Lege deine Absichten immer offen. Intelligente Menschen merken schnell, wenn ihnen etwas vorgespielt wird. Aber wenn du ihnen mit Ehrlichkeit begegnest, danken sie es dir mit Vertrauen. Also nie flunkern oder maßlos übertreiben.

Und noch ein guter Rat, der nicht teuer ist: Nimm dir Zeit für deine E-Mails oder Nachrichten und personalisiere sie.

Mache immer deine Hausaufgaben: Bevor du eine neue Person kontaktierst, solltest du immer deren Hintergründe recherchieren. Dadurch kannst du eine eventuelle Verbindung durch einen gemeinsamen Kontakt ausmachen oder eine Möglichkeit finden, dieser Person zu helfen.

Ein weiterer Vorteil dieser Recherche ist, dass du die größte Leidenschaft deines Gegenübers herausfinden kannst. Wenn du eine gut informierte Konversation über diverse große Hobbys wie Golf oder Pilates oder Oldtimer führen kannst, steigst du im Ansehen dieser Person. Durch Hilfsmittel wie Facebook, Instagram, LinkedIn oder Twitter wird diese Nachforschung zum Kinderspiel.

Um die Beziehung zu verbessern, musst du gut zuhören. Jetzt werden wieder einige schmunzeln und sich denken: Seppi... Okay! Ich habe auch ein paar Fehler, mein Gott! Was ich sagen will: Meist sind ihre Bedürfnisse gar nicht beruflich. Sondern ausgesprochen menschlich.

Der amerikanische Autor Clay Shrinky sagte einmal: »Das Problem ist nicht die Informations-Überflutung, sondern die fehlerhafte Filterung.«

Oft reichen schon Stift und Papier, um im Netzwerken voran zu kommen. Wenn du eine interessante Person triffst, schreibe ihren Namen auf und worüber ihr gesprochen habt auf. Das Thema ist extrem wichtig. Details. Wenn man den Menschen wieder trifft und ihn zum Beispiel auf die elfjährige Tochter Jenny anspricht, die gerne Cello spielt und einen

Beagle hat, den sie über alles liebt, dann wird das Gegenüber staunen und sich denken: Beeindruckend, schau dir an, was der sich alles gemerkt hat von unserem letzten Lunch.

Danach solltest du dich sofort melden. Die Follow-up-E-Mail ist essenziell. Dadurch ist die Erinnerung an das Treffen noch frisch, und du hast die beste Chance auf ein Wiedertreffen.

Ein paar Ferrazzi- Tipps für die Follow-up-Mail:

▷ Vermittle immer Dankbarkeit.

▷ Inkludiere etwas Lustiges oder Interessantes aus eurem Aufeinandertreffen.

▷ Bekräftige Vereinbarungen, die aus eurem Gespräch/Meeting hervorgegangen sind.

▷ Halte dich kurz und komme schnell auf den Punkt.

▷ Passe deine E-Mail immer für den Empfänger an (Name des Empfängers öfter verwenden).

▷ Im Falle eines Meetings – verwende immer zusätzlich zu der persönlichen E-Mail an die Person von Interesse, eine Ketten-Mail an alle Teilnehmer, das macht die persönliche Mail noch wertvoller.

▷ Nach dem Absenden deiner Mail versende auf diversen Social Media Plattformen Freundschaftsanfragen.

▷ Es kann vorkommen, dass eine Person, die du kontaktierst und noch nicht gut kennst, nicht antwortet. Lass dein Ego außen vor und versuche es nochmals. Und vergiss niemals: Immer freundlich bleiben. Egal, was passiert.

Die richtige Einstellung ist das A und O in jeder Lebenslage. Du solltest immer an dich glauben und selbstbewusst an jede neue Gelegenheit herangehen.

Keith Ferrazzi, der als Netzwerk-Guru aus den USA viele inspiriert hat, meint auch, Cold-Calls sind nicht zu empfehlen. Ein Cold-Call ist ein Werbeanruf bei einem Unbekannten, man möchte jemandem am Telefon etwas verkaufen. Ferrazzi macht lieber Warm-Calls. Das heißt, man kennt die- oder denjenigen schon, wenn man sie oder ihn anruft, um etwas zu verkaufen. Oder man wurde empfohlen.

Dazu die vier Regeln für einen Warm-Call:

▷ Zeige Glaubwürdigkeit, indem du eine Person erwähnst, die der Empfänger kennt.

▷ Nenne deinen Wertbeitrag.

▷ Vermittle Dringlichkeit und Flexibilität für ein Meeting.

▷ Sei vorbereitet, einen Kompromiss für das Meeting anzubieten.

Halte deine Rede kurz und knackig und vergiss niemals, es geht bei dem Anruf nur um den Empfänger: Wie kannst du ihm helfen?

Wenn du eine E-Mail verfasst, achte darauf, dass sie kurz ist und vor allem gut verständlich. Lass Fremdworte und gekünstelte Phrasen weg, das wirkt unsympathisch. Keine Plattitüden, keine Stehsätze. Nichts wie *Am Ende des Tages* oder *Wir müssen neue Aspekte beachten und gezielte Maßnahmen setzen*. Ja und, welche? Was konkret? *Effiziente Ergebnisse zeitnah liefern.* Fein, welche meinst du, und wann genau?

Ein guter Tipp: Lies deine E-Mails laut vor und überlege dir, ob du das auch so sagen würdest. Goethe hat einmal gesagt: »Schreibe so, wie du reden würdest, und du wirst einen guten Brief schreiben.«

Wenn du eine viel beschäftigte Person erreichen möchtest, versuche eine gute Beziehung zu ihrer Sekretärin aufzubauen. Sekretärinnen haben weitaus mehr Macht, als man glauben mag. Sie organisieren den Terminkalender ihres Chefs, dadurch haben sie jede Menge Einfluss darauf, mit wem er sich trifft. Natürlich gibt es auch Sekretäre oder Assistenten, Gender Mainstreaming!

Das Knüpfen eines erfolgreichen Netzwerks nimmt sehr viel Zeit in Anspruch. Aber du solltest es nicht immer nur als Arbeit sehen. Teilweise kannst du auch Freundschaften aufbauen.

Bei einem Dinner mehrere Leute zusammenzubringen, ist effizienter und kann Spaß machen, wenn die Dynamik stimmt. Überlege dir gut, ob die Persönlichkeiten zusammenpassen.

Private Dinner-Partys zu organisieren, ist eine Möglichkeit, dein Netzwerk zwanglos zu erweitern. Für eine gute Party brauchst du weder viel Geld noch jede Menge Platz. Koche ein simples Gericht, besorge dir ein paar Klappstühle und genug Wein. Das funktioniert immer.

Wenn du bei einem Symposium eingeladen bist, bereite dich immer gut vor. Informationen zu den Vortragenden oder dem Thema reichen nicht aus. Finde die besten Restaurants, die besten Cafés oder die besten Privat-Partys im Austragungsort. Diese Informationen machen dich sofort zu einem beliebten Gesprächspartner. Zum Auskenner.

Und immer wichtig: Keith Ferrazzis sogenannter *Deep Bump.*

Wenn du nur zwei Minuten Zeit hast, um mit einer Person zu reden, musst du die Kunst des Deep-Bumps beherrschen. In zwei Minuten musst du aufmerksam zuhören, Fragen stellen (die auch über das Berufliche hinausgehen) und etwas Persönliches über dich verraten.

Bleib dir selbst immer treu. Versuch dich nicht zu verstellen. Jeder vernünftige Mensch lässt andere

Meinungen gelten. Wenn du immer versuchst, politisch korrekt und der Masse angepasst zu sein, läufst du Gefahr, in Vergessenheit zu geraten.

Zwei Themenbereiche sind immer heikel: Politik und Religion. Da kann man leicht verlieren. Einem potenziellen Geschäftspartner zu erklären, wie man die Flüchtlingsfrage auf einen Schlag klären könnte, ist vielleicht nicht unbedingt das beste Entree für einen homogenen Abend.

Das gleiche gilt für dein Äußeres: Versuche, einen dezenten Stil zu finden. Ein Look, in dem du dich wohl fühlst, der aber einen gewissen Wiedererkennungswert hat. EIN bunter Fleck, etwa Socken, ist okay. Bei zu vielen Farben auf dem Körper schaut man aus wie ein Vogel, schreibe ich auch schon in *I connect*.

In der heutigen Arbeitswelt zählt Kreativität vielfach genau so viel wie reines Fachwissen.

Wenn man den Durchblick behält und immer ein Gefühl dafür hat, was in der Welt gefragt ist, wird man wertvoller für das Unternehmen. Wer gut, verlässlich und loyal ist, dem gönnt man ein paar Euros mehr auf der Honorarnote oder dem Gehaltszettel. Vertrauen ist kostbar.

Spezifische Expertise ist wertvollst. Konzentriere dich auf einen Teil deiner Arbeit. Dadurch wirst du wichtiger und unverzichtbar für die Firma oder den Kunden.

Man könnte auch sagen: einzigartig.

WAS WIR UNS MERKEN KÖNNEN

→ Sei großzügig und geh nicht nur mit Leuten essen, wenn du etwas von ihnen brauchst.

→ Wenn du ein Ziel hast, bringe es zu Papier, sonst bleibt es nur ein Traum. Durch das Aufschreiben visualisierst du den Gedanken. Er materialisiert sich durch die eigene Schrift.

→ Triff dich periodisch mit all deinen Kontakten, plane deine Freizeit sorgfältig und vermeide es, Dir immer nur mit denselben Leuten eine Begegnung auszumachen.

→ Bei der Nachbearbeitung von Kontakten: Lies deine E-Mails laut vor und überlege dir, ob du das auch so sagen würdest.

→ Wenn du eine interessante Person kennenlernst, schreibe ihren Namen auf und worüber ihr gesprochen habt. Das Thema ist wichtig. Details sind Gold.

Wie man sich Freunde
macht: Die besten Tipps

5. Kapitel

Wie man sich Freunde macht: Die besten Tipps

Der Gottvater des Verkaufs, US-Legende Dale Carnegie, hat im Jahr 1936 den Weltbestseller *Wie man Freunde gewinnt* geschrieben. Der Inhalt ist bis heute aktuell.

Inspiriert schlägt Moving Forward die Brücke zu früher und ist gleichzeitig der Guide für die Macher von morgen.

Menschen ändern sich nicht oder sagen wir – kaum: Wir können hundert Mal über die Digitalisierung schimpfen oder von ihr schwärmen, wir können vor Corona in Angst erstarren oder das beste aus der Situation machen - der Mensch in seiner Grundstruktur, in seiner DNA funktioniert so, wie er immer war.

Der Mensch ist eine Mixtur aus Homo erectus und Homo sapiens. Ob wir früher einem Säbelzahntiger ausgewichen sind oder heute eine neue Kampagne launchen … irgendwie hat sich nicht viel geändert. Es braucht Zähigkeit, fast Starrsinn in Kombination mit eisernem Willen.

Doch! Beharrlichkeit ist das wundersame Medaillon, mit dem du den Drachen besiegst und die Prinzessin (oder den Prinzen) verzauberst. Am Ende zählt nur der unbeugsame Wille. Okay. Sie werfen dir Prügel in den Weg, stellen dir Fallen, rücken Hürden in deine Richtung, egal. So what. Aufstehen, abbeuteln, weiter. Move Forward, lieber Freund. Wer stehenbleibt, den bestraft das Schicksal. Wer liegenbleibt, wird überrollt. Knallhart. Wer hat behauptet, dass das Leben ein Ponyhof ist?

Scheitern gehört zum Siegen dazu. Gerade in viel zitierten »Zeiten wie diesen«. Bei Misserfolgen nicht aufgeben, sondern so oft und so lange probieren, bis man es schafft. Der Trick ist gleichwohl simpel wie hart. Einfach nicht lockerlassen, nie einknicken, nie, nie. Einen Rhythmus finden und am besten täglich wiederholen und trainieren: für das beste Ergebnis. So wie beim Muskelaufbau hat man nach einem Tag genug. Aber diese Schwelle muss man überwinden und jeden Tag weitermachen, bis es zur Gewohnheit wird. Thomas Edison soll 10.000 Versuche gemacht haben, bis seine Glühbirne endlich brannte. Nicht hundert, nicht dreihundert. Zehntausendmal hinsetzen, tüfteln, nachbessern, kontrollieren, probieren. Nur so geht das.

Ohne den Willen, das wirklich durchzuziehen, und den Drang, sein Leben zu verbessern, wird man, egal, was man tut, immer versagen.

Wer glaubt, den leichten Weg gehen zu müssen, den Wolkenpfad ohne Hindernisse, ohne Steine, ohne Kurven und alles Unangenehme schnell hinter sich bringen zu wollen, wird es nur schwierig an die Spitze schaffen. Man muss sich den unangenehmen Situationen im Leben stellen und sie mit Entschlossenheit und dem tief sitzenden Drang, etwas Neues zu lernen und nach Größerem zu streben, überwinden. Die gute Nachricht: Es geht. Und am Ende wirst auch du belohnt.

Die Überwindung von möglichen Selbstzweifeln und Ängsten ist gerade das besondere Erlebnis: Als ich mein Jus-Studium in Wien beendete, glaubten alle, ich würde einen »normalen« Berufsweg ergreifen. Aber ich dachte mir: Eigentlich würde ich lieber was ganz anderes machen. Und so startete ich meinen Pop-Act D-JMC, der es mit mehreren Disco-Songs im Italo Dance Style mehrfach in die Hitparade und sogar in die Top 10 der Ö3-Charts schaffte. Die Gigs in fast allen österreichischen Clubs und Auftritte bei den UNO-Truppen am Golan und im Kosovo sind natürlich eine lebenslange tolle Erinnerung. Das Bewusstsein und die Handlungskonsequenz, für eine *crazy idea* wie so etwas den nötigen organisatorischen, finanziellen und zeitlichen Rahmen haben und schaffen zu müssen, war auch der Beginn meiner Selbstständigkeit und unternehmerischen Tätigkeit. Und ja, am Ende wurde auch ich belohnt.

Weiters stellt sich grundsätzlich die Frage: Bist du jemand, der gerne kritisiert, verbessert und reguliert? Der rechthaberisch ist und sich in anderer Leute Angelegenheiten einmischt? Das kann natürlich Vorteile haben, aber oft auch zu Kommunikationsproblemen führen und Menschen verletzen. Deshalb sollte man, wie Konfuzius schon sagte, sich nicht über andere aufregen, sondern sich selbst an der Nase fassen und kritisieren. Vor der eigenen Tür kehren und so weiter.

Jeder Mensch kann kritisieren. Es fällt einem deutlich leichter, etwas Negatives zu sagen als etwas Positives. Warum eigentlich? Gute Frage. Gerade aus diesem Grund zeugt es von Charakterstärke und

Selbstbeherrschung, verständnisvoll und freundlich zu sein – und vergeben zu können.

Dale Carnegie bringt das Beispiel von Bob Hoover: Er war Testpilot und Flieger in Luftshows, war am Heimweg nach Los Angeles. Doch am Weg dorthin fielen in dreitausend Meter Höhe auf einmal beide Motoren aus. Ungute Situation. Bei einem waghalsigen Landungsmanöver, das Bob durchführte, war zwar die teure Maschine aus dem Zweiten Weltkrieg kaputt gegangen, aber die drei Passagiere an Bord waren verschont geblieben. Das Problem, wie Hoover schnell feststellte, war die Tankfüllung. Der Mechaniker hatte Jet-Treibstoff anstatt Benzin eingefüllt, was fatal war für die alte Propellermaschine. Als Hoover zum Flughafen zurückkam, hat er nach dem schuldigen Mechaniker verlangt. Der junge Mann war gezeichnet von Gewissensbissen und trat mit verheulten Augen vor Hoover. Der war wild vor Zorn, aber man sah es ihm nicht an. Dieser präzise, fokussierte Pilot hat den Mechaniker nicht niedergeschrien, gefeuert oder gedemütigt. Nein. Er hat ihn beiseite genommen und gesagt. »Um dir zu zeigen, dass ich mir sicher bin, dass dir nie wieder so in Fehler unterläuft, möchte ich, dass du morgen das Service für meine F-51 durchführst.« Der Mechaniker hat sich angestrengt.

Größe, Ruhe, Gelassenheit. Durchatmen, an eine Insel in der Karibik denken, an ein traumhaft schönes Erlebnis, und der Zorn bleibt im Käfig. Lass ihn nicht raus.

Eile, sagt man, ist die Feindin der Würde. Und auszucken kann jeder. Der Mensch aber, der sich unter Kontrolle hat, kann alles schaffen. Er steuert seine Gefühle wie einen Kampfjet. Und gewinnt dadurch immens an Ansehen.

Einer der stärksten Triebe in der menschlichen Natur ist das Verlangen, »wichtig« zu sein. Man begegnet diesem Drang überall, auch wenn es einem nicht immer bewusst ist. Leute, die sich die neuesten Kleider von Versace, die Schuhe von Armani, die Lederhandtaschen von Gucci oder einen Designerhut kaufen, wollen gesehen werden und zeigen, wie viel Geld sie haben. Jemand anderer schwänzt Schule oder wird zum Punk, um Aufmerksamkeit zu erregen.

Menschen, die in E-Mails, Telefonaten oder bei Präsentationen oder in allen möglichen anderen Situationen, davon reden, was sie wollen, haben schon das Interesse der Zuhörer oder Leser verloren. Jeder hat seine eigenen Probleme, und da wir nun mal sehr ich-bezogene Wesen sind, kommen wir immer an erster Stelle. Ich. Ich. Ich. Warum sollte ein Firmenchef zum Beispiel auch nur das geringste Interesse für die Bedürfnisse eines Bittstellers haben, wenn der nur moniert, was er haben will? Wenn dieser Bittsteller aber die erste Hälfte seines Vortrages mit den Sachen befüllt, wie der Konzern von einer Zusammenarbeit oder wodurch auch immer der Chef selbst profitieren würde, sähe die Situation schon ganz anders aus. Oder wenn jemand bei einer Bewerbung nicht von sich redet, was er sich vorstellt, was seine Erfahrungen sind, wie viel Geld er sich erwartet. Sondern stattdessen – ohne das Wort ich zu benützen – erklärt, warum es für die Firma vorteilhaft wäre, ihn, genau ihn einzustellen.

Der Trick ist, dass man lediglich versucht, sich so auszudrücken, dass es für die andere Person gut klingt. Ihre Interessen und Vorteile ansprechen und dann Bedenkzeit geben. Am Ende erscheint es logisch, fast so, als hätten der andere die Idee gehabt.

Manche Leute haben einfach ein gewisses Talent, Menschen zu bewegen. Sie schaffen es mühelos, dass ihnen andere zuhören und sich auf sie einlassen. Das erfordert Einfühlungsvermögen, Übung, schnelles Mitdenken und natürlich ein gewisses Talent. Das mag einer der Gründe sein, warum die Kollegen, die so etwas wirklich beherrschen, gefragt sind. Sie gehen auf die Menschen zu, und diese sind sofort gefangen von der vertrauenswürdigen und selbstbewussten Ausstrahlung, dass sie nach kurzer Zeit den Worten und Angeboten fasziniert lauschen.

Die Kunst besteht darin, eine natürliche Balance aus Authentizität und Direktheit an den Tag zu legen. Nicht schönfärben, sondern sagen: Das kann ich wirklich gut. Das liegt uns. Das machen wir besser als andere. Auf der anderen Seite braucht es einen Gegenpart. Stimmt schon, kann man sagen, wir sind nicht die billigsten Anbieter, ich weiß, aber das hat einen Grund. Es ist nicht nur die Qualität, die etwas kostet, sondern die Liebe zur Perfektion. Unsere App geht dann online, wenn alles funktioniert. Unser Produkt hat das Gütesiegel der Exklusivität. Wir sind verrückt, wenn es um Präzision geht. Aber das macht uns besonders.

Wenn man jemanden dazu bringen will, etwas zu tun, dann ist es wichtig, dass ich, bevor ich rede, einmal nachdenke und mich frage: Wie kann ich diese Person dazu bringen, das zu tun, was ich von ihr will?

Man braucht einen Plan. Ohne Plan versandet das Gespräch.

Man muss dabei ihre Gedankengänge bedenken, ihre Ambitionen, ihren Antrieb, und je nachdem, wer diese Person ist und wie gut man sie kennt, immer detailliertere Sachen wie Vorlieben, Hobbys, Ängste, ... Wenn man dann überzeugt ist, dass man durch das Gespräch tanzen kann wie eine Ballerina (oder ein Ballerino), weiß man, wie man diese Person zum Hauptgedanken *hinlotsen* kann. Inception mit Stil und Verantwortung, Leonardo DiCaprio lässt grüßen.

Natürlich braucht es dazu gute Menschenkenntnis. Das Vermögen, sich in diese Person hineinzuversetzen, genau zu wissen, was sie will und worauf sie anspringen würde. Das wiederum verknüpft man mit den eigenen Zielen, und fertig ist die Win-Win-Situation.

Wichtig: Du darfst nicht kritisieren, verurteilen oder dich beschweren. Das bringt dir kurz ein gutes Gefühl, ist aber auf Dauer überwiegend schädlich. Bevor du etwas Gemeines oder Unüberlegtes sagst, nimm dir einen Moment und besinne dich eines besseren.

Verteile ehrliche und aufrichtige Anerkennung. Jedes Wort des Lobes ist viel mehr wert und hat so mehr Bedeutung als Hunderte Lästereien. Durch ein Wort ehrlich gemeinter Anerkennung kann man nicht nur jemandem den Tag verschönern, sondern sein Leben in eine breitere Zukunft lenken. Wenn ein positives Bedürfnis geweckt ist, erheben sich die Flügel des Adlers.

Das leider oft egoistische Wesen Mensch interessiert sich erst dann für jemand anderen, wenn der Andere sich zuerst für sie oder ihn interessiert. Darum ist es wichtig, herauszufinden, was den anderen interessiert, und das Gespräch darauf zu lenken.

Dale Carnegie gibt hier ein weiteres gutes Beispiel, nämlich das von Henry G. Duvernoy von Duvernoy u. Söhne, einer Backwarenfirma in New York: Henry hat schon seit vier Jahren versucht, den Manager eines Hotels dazu zu bringen, seine Backwaren zu kaufen. Er hat den Manager jede Woche angerufen, ist zu denselben Events wie er gegangen und hat sogar im Hotel ein Zimmer gebucht. Nichts hat geholfen. Dann hat er sich eine Weile mit Menschen beschäftigt und wie man besser auf sie eingehen kann. Also hat er geschaut, wofür sich der Manager interessiert, und ihn beim nächsten Treffen darauf angesprochen. Der Mann ist aufgeblüht, hat enthusiastisch alles erzählt. Am Ende der Unterhaltung hatte niemand ein Wort über Brot verloren. Und siehe da, ein paar Tage später hat Henry Duvernoy einen Anruf bekommen, dass er mit Proben und Preisen im Hotel vorbeikommen soll. Es bestünde Interesse seitens des Managements.

So etwas muss man sich einmal vorstellen: Vier Jahre lang hat der Bäckermeister versucht, den Manager zum Kauf zu bewegen, immer ohne Erfolg, und nach einem einzigen Gespräch über das, was sein Gegenüber am meisten interessiert, hat der Zweifler von sich aus eine Probe verlangt.

Menschen ticken so.

Meinungen, auch schlechte, können sich im Nu ändern. Wenn etwas Positives geschieht.

Ein Lächeln ist mächtiger als jeder Kostenvoranschlag. Wenn man jemanden lächeln sieht, ist es fast ansteckend, und man muss ebenfalls die Mundwinkel auseinanderziehen. Wenn man müde oder genervt ist, ist es oft schwierig zu schmunzeln, aber wenn man lange genug lächelt oder fröhlich ein Lied pfeift, selbst wenn man alleine ist, verändert es doch einiges. Emotionen und Handlungen sind eng verbunden; während wir Handlungen bewusst steuern können, passen sich Emotionen erst mit der Zeit an.

Gefühle sind zaghafter im Umgang.

Wenn man anderen gut zuhören kann, reden sich Menschen alles von der Seele und danken dir am Schluss. Sie lieben es, über sich selbst zu reden, und wenn ihnen jemand Gehör schenkt, gibt ihnen das ein Gefühl, wichtig zu sein. Haben sie fertiggeredet, sind sie glücklicher und offener für alles Mögliche. Sie haben ihre Geschichte angebracht, und die Geschichte war gut, man hat sie gerne gehört.

Und hier (zum Auswendiglernen, Aufsagen oder Selberaufschreiben) Dale Carnegies Taktik in fünf Schritten:

1. Sei aufrichtig interessiert an anderen. Höre ihnen aufmerksam zu, das lieben sie. Ehrlich muss es wirken, sonst werden sie böse oder fühlen sich auf den Arm genommen.

2. Lache. Humor ist alles, was es braucht, um jemanden den Tag zu verschönern. Schon ein ehrliches

Lächeln ist wie Sonnenschein, der durch eine Wolkendecke bricht, warm und bezaubernd.

3. Merke dir, dass der Name einer Person für sie der schönste und wichtigste Laut in allen Sprachen ist. Eine Art, jemanden eine kleine Freude zu machen, ist, sich den Namen dieser Person zu merken und ihn immer, natürlich korrekt, zu benützen. Besonders Menschen mit ausgefallenen Namen sind oft stolz darauf und freuen sich umso mehr, wenn man sie richtig anspricht. Aber nicht zu oft und zu offensichtlich, sonst wirkt das anbiedernd.

4. Sei ein guter Zuhörer. Ermutige andere, über sich selbst zu reden. Menschen lieben es, über sich zu reden. Ob sie jetzt von ihren Reisen und Auszeichnungen schwärmen oder von ihren Jobs und Familien reden. Meistens wollen sie nur, dass ihnen jemand zuhört, was ihnen ein Gefühl von Wichtigkeit gibt.

5. Rede über die Interessen der anderen Person. Das ist eine smarte Art, ein Business-Gespräch zu beginnen und die Stimmung aufzulockern. Spricht man etwas an, das eine sonst eher schwer zugängliche Person interessiert, und die

einem davon erzählen kann, herrscht sofort ein anderes Klima. Das Verhältnis wird automatisch amikaler.

Sollte ein Gespräch plötzlich in eine falsche oder unerwartet negative Richtung abbiegen, nicht verzagen. Auch ein Disput ist gut. Wenn er Klasse hat. Schreien können Idioten, Leute mit Stil diskutieren, durchaus hitzig, aber mit Hirn.

Dale Carnegie still moves us forward, und dafür gibt's jetzt gleich neun Notfall-Tipps, nämlich:

1. Sei offen für Meinungsverschiedenheiten. Ein Gesprächspartner (oder eine Gruppe) ist gut, wenn er oder sie anderer Meinung ist. Dadurch bekommt man einen weiteren Standpunkt geschenkt und wird vielleicht auf etwas aufmerksam gemacht, das man selber übersehen hätte.

2. Vertraue deiner ersten, instinktiven Reaktion nicht. In einer Situation, in der man mit jemanden anderer Meinung ist, reagieren wir als erstes immer defensiv. Man sollte vorsichtig sein, versuchen, ruhig zu bleiben und diesem instinktiven Drang nicht nachgeben.

3. Zügle dein Temperament. Denke daran, du kannst eine Person abschätzen und ihr Gemüt erkennen, an dem was sie wütend macht. So erfährt man den Schwachpunkt eines anderen.

4. Denke lösungsorientiert. Lass dein Gegenüber einmal reden, und zwar ohne Unterbrechungen und Widersprüche. Die sorgen nur für Barrieren, hinter denen eine friedliche Lösung unerreichbar wird. Es sollen Brücken des Verstehens und der Übereinkunft entstehen und nicht Schranken und Mauern des Streits.

5. Schau, wo ihr euch einig seid. Wenn alle anderen fertig geredet haben, wendet euch zuerst den Punkten zu, bei denen ihr euch einig seid.

6. Sei ehrlich. Suche nach Stellen, an denen du zugeben kannst, dass du Fehler gemacht hast, und gib diese auch zu. So fütterst du das Ego desjenigen, der richtig lag, und bringst langsam die defensiven Mauern zu Fall.

7. Versprich deinen Gegnern, dir ihre Ideen durch den Kopf gehen zu lassen, und denke sie dir genau durch. Tu das wirklich. Sie könnten recht haben, und in diesem Stadium ist es einfacher,

sich ihre Ideen genauer anzuschauen, als sie zu ignorieren, und irgendwann findet man sich vielleicht an dem Punkt, wo sie dir sagen können »Wir haben versucht, dich zu warnen, aber du wolltest ja nicht zuhören.«

8. Bedanke dich ehrlich bei deinen Kritikern – für ihr Interesse. Jeder, der sich die Zeit nimmt und Mühe macht, über etwas zu diskutieren, macht sich genau so viele Gedanken darüber wie du. Stell sie dir nicht als Gegner vor, sondern als Menschen, die dir wirklich helfen wollen. Kein böses Blut. Keine verbrannte Erde. Besser ein Crashkurs in buddhistischer Gleichmut als eine üble Nachrede von allen Seiten.

9. Verschiebe etwaige weitere geplante Schritte, um beiden Seiten Zeit zu geben, über das Problem nachzudenken, auch über neu gewonnene Informationen und Standpunkte. Mach einen Termin für ein weiteres Treffen später am Tag oder am nächsten. Stelle dir ein paar wichtige Fragen: Könnten die anderen recht haben? In welchen Punkten? Gibt es einen Weg zu einem Kompromiss? Was wären die Folgen, wenn ich es auf meine Art durchziehe?

Andere auszubessern mit den Worten: »Nein, das ist falsch« oder »Ich weiß aber, dass es so ist« oder gar »Jetzt erklär ich dir einmal, wie's richtig ist« bringt nichts, außer Widerstreben aufkommen zu lassen. Besser dagegen zum Beispiel die Worte: »Also ich habe das anders gehört. Aber ich kann natürlich falsch liegen, tu ich in letzter Zeit öfters. Vielleicht vergleichen wir unser Wissen, weil wenn ich falsch liege, würde ich gern wissen, wie es richtig ist.«

Ich könnte falsch liegen, vergleichen wir unser Wissen – das wirkt fast wie Magie, und niemand wird dir widersprechen, wenn du mit dieser Aussage kommst.

Wenn wir uns geirrt haben, beispielsweise in der Wahl einer Wandfarbe, so geben wir es uns gegenüber zu. Aber nur wenn wir vorsichtig und freundlich, taktvoll und nett behandelt werden, geben wir es vielleicht auch jemand anderem gegenüber zu. Nicht jedoch, wenn uns jemand diesen Fehler vorlegt oder ungut unter die Nase reibt. Dann entsteht sofort Ablehnung.

Die Kunst der subtilen Überzeugung, vor allem in einer aufbrandenden Meinungsverschiedenheit, ist eine Disziplin für sich. Ein Nervenkrieg darf nie nach einem solchen aussehen.

Zeit für weitere Tipps. Es braucht einen Riecher für Ratschläge. Genau dafür gibt es dank Dale Carnegie ein Dutzend Leitsätze, wie du Menschen von deiner Art zu denken überzeugst. Und zwar so:

1. Manchmal ist der einzige Weg, eine Diskussion zu gewinnen, sie zu umgehen. Dem instinktiven Drang, jemandem zu widersprechen, eines Besseren zu belehren oder sich zu verteidigen, müssen wir widerstehen. Stattdessen bewahren wir einen kühlen Kopf, auch wenn er sich wie ein Fissler-Druckkochtopf kurz vor dem Explodieren anfühlt. Ich weiß, wovon ich rede, liebe Freunde, glaubt mir.

2. Zeige Respekt für die Meinung des anderen. Auch wenn jemand etwas sagt, von dem du weißt, dass es Unfug oder kompletter Schwachsinn ist. Mach es wie die Chinesen: Geh diplomatisch vor. »Wirklich? Dann muss ich das wohl falsch gehört haben. Meine Quelle hat gesagt …« Das ist eine ähnliche Taktik wie »Ich könnte falsch liegen, vergleichen wir unser Wissen«, nur gedämpfter.

3. Solltest du wirklich falsch liegen, gib es schnell zu, sofort. Nie die Stimme ignorieren, die sagt, dass ich meinen Stolz nicht verletzen will. So etwas zuzugeben, nimmt einer Diskussion die Flamme des Zanks, die sie am Leben erhält, da der andere dir nichts mehr zu beweisen hat und sogar Respekt für dich gewinnt.

4. Fange auf eine freundliche Art an. Beginne in einem Plauderton. Rede über etwas anderes als über den eigentlichen Grund des Gesprächs. Am besten fragst du interessiert nach etwas, das die Person mag, oder lobst ihre Arbeit. So beginnen Barrieren zu fallen.

5. Bring die andere Person zu einer positiven Reaktion. Formuliere deine Fragen bewusst so, dass dein Gegenüber mit Ja darauf antwortet. Ein Nein schafft eine Blockade, während ein Ja oder mehrere Jas jemanden positiv stimmen und unbewusst dazu bringen, der Idee zuzustimmen. Als wäre es seine eigene Idee.

6. Lass die andere Person den Großteil des Gesprächs reden. Deine Sätze kommen wohl durchdacht, präzise, und so vermeidest du Plattitüden und Gemeinplätze. Der österreichische Philosoph

Robert Pfaller hat einmal gesagt: In jedem klaren Gedanken steckt Kunst. Klar?

7. Lass die andere Person gerne mal im Glauben, dass die Idee von ihm oder ihr stammt. Wenn du jemandem beweist, warum deine Idee besser ist als andere, dann entsteht Ablehnung in den Leuten.

8. Versuche – ehrlich – die Dinge aus der Perspektive der anderen Person zu sehen. Menschen missverstehen einander oft, da sie nicht daran denken, die Situationen aus der Sicht der anderen Person zu verstehen. Das ist ein wichtiger Schritt auf dem Weg zu einem verständnisvollem und unvoreingenommenen Miteinander. Wenn wir Verständnis zeigen und uns so sympathisieren, sind Leute eher gewillt zu kooperieren.

9. Sei verständnisvoll gegenüber den Ideen und Wünschen deines Gegenübers. Ermutige andere, Ideen zu formulieren. Zerstöre diese Ideen und Wünsche nicht, das hat nur den Charme einer Dampfwalze. Lobe sie und betone das Gute daran. Vorsichtig kann man sehr wohl erwähnen, ob nicht manche Teile unpassend sind. Sage nicht, was nicht passt, sondern deute an, impliziere und

formuliere es als Frage, damit die Person selber darüber nachdenken kann und einen Schluss fasst.

10. Appelliere an die höheren und nobleren Motive. Erinnere die Person an ihren inneren Drang, bedeutend zu sein. Auch an Moral, Ethik und hehre Motive.

11. Dramatisiere deine Ideen. Lass dir etwas Kreatives einfallen, wie du deine Ideen oder dein Anliegen veranschaulichen kannst, das macht Eindruck, begeistert und ist etwas anderes – es erregt Aufmerksamkeit.

12. Lass eine Herausforderung miteinfließen. Menschen arbeiten generell viel besser, schneller und motivierter, wenn man sie motiviert. Das Leben ist ein Wettkampf.

Es gibt natürlich nicht immer nur Gutes zu berichten. Wenn man jemanden kritisieren will, beginnt man mit einem Lob. Man sagt etwas ehrlich Positives und fügt dann die Kritik an. Nicht in der Form: »Das war gut, aber es könnte besser sein.« Das lässt einen an der Ehrlichkeit des Statements zweifeln. Um jemanden dazu zu bewegen, sich zu bessern, sollte man es netter formulieren. »Ich muss dir sagen: Hey, das war gut, und wenn du dir nächstes Mal noch mehr Mühe gibst, wird es sogar noch besser.« Verlockend und aufbauend.

Um eine gute Führungsperson zu sein, musst du oft Einstellung und Verhalten von anderen beeinflussen können. Das geht in neun Schritten, ebenfalls von Altmeister Carnegie definiert, und zwar folgendermaßen:

1. Beginne auch hier immer mit Lob und ehrlicher Wertschätzung. Selbst wenn es einem nichtig erscheint, bedeutet es doch die Welt für den Empfänger. Es gibt Selbstvertrauen, das man nicht nur jetzt, sondern auch in der Zukunft braucht.

2. Weise Menschen nur indirekt auf ihre Fehler hin. Direkt zu sagen, dass etwas falsch ist, ist – wie wir schon gehört haben – nie eine gute Idee. Wenn man sich vorsichtig und fragend ausdrückt oder andeutend auf Fehler hinweist, werden die Menschen automatisch zugänglicher und gestehen sich ihre Fehler leichter ein.

3. Erwähne zuerst deine eigenen Fehler, bevor du die der anderen Person ansprichst. Was für ein Unterschied es doch ist, wenn man mit den

Worten: »Ich bin in dieser Richtung keineswegs perfekt und mache selber oft Fehler, aber wenn du meinen Rat willst…« beginnt anstatt »Du, das ist ein Dreck.« Das heißt, man sympathisiert und vergleicht sich selber mit der Person und geht dann auf das Thema zurück.

4. Stelle Fragen, anstatt Befehle zu geben. Versuche grundsätzlich deine Befehle in Fragen umzuformulieren. Zum Beispiel wird aus »Bring den Mist raus!« die Frage »Meinst du nicht, es würde hier gleich viel weniger stinken, wenn der Mist draußen wäre?« Oder »Räum das Lager auf!« wird zu »Findest du nicht auch, dass es viel einfacher wäre, die Sachen, die wir brauchen, in viel kürzerer Zeit aus dem Lager zu holen, wenn es aufgeräumt wäre?« Alles eine Frage des Tons. Der Sound der Harmonie.

5. Lass die andere Person ihr Gesicht bewahren. Wenn du jemanden bloßstellst, hast du vielleicht ein kurzes Erfolgserlebnis, der andere trägt dann aber lange seine Verachtung und seine Demütigung mit sich herum. Ist es das wirklich wert? Achte darauf, dein Gegenüber nicht zu blamieren, sondern lobe vielleicht noch, dann geht man

selbstbewusster und mit einem Gefühl der Dankbarkeit fort.

6. Lobe jeden noch so kleinen Fortschritt. Sei herzlich beim Zustimmen, und du wirst den Leuten angenehm in Erinnerung bleiben.

7. Sprich der anderen Person einen guten Ruf zu, dem sie gerecht werden will. Wenn man möchte, dass jemand etwas Bestimmtes schafft und macht, sagt man nicht »wird besser« oder ähnliches. »Du bist so gut in deinem Handwerk, und deshalb spreche ich immer gut von dir – als einen der besten von uns. Aber wenn das so weiter geht, kann ich das leider nicht mehr sagen, weil ich nur ungern lüge.« Klingt gleich anders, nicht?

8. Sei ermutigend. Lass es so wirken, dass der Fehler leicht zu korrigieren ist. Wenn du merkst, dass jemand mit einer Herausforderung Probleme hat, entmutige ihn nicht, indem du das auch sagst. Ehrlichkeit ist gut, aber man muss auch nicht demoralisieren. Konzentriere dich darauf, das Positive zu loben und anzuspornen. Weiter dazulernen und trainieren ist besser als das Damoklesschwert der Panik heraufzubeschwören.

9. Mache die andere Person glücklich, das zu tun was du ihr vorschlägst. Ob du jemanden eine Auszeichnung verleihst, die ihm Freude bereitet. Oder ob du jemanden beschwichtigen musst, der einen Auftrag nicht bekommen hat. Es ist egal. Worauf es ankommt, ist das Ergebnis: Der Mensch ist glücklich und macht im Einklang das, was du von ihm willst oder unterlässt, was du nicht willst.

Das waren jede Menge Tipps in diesem Kapitel, ich weiß. Ich darf anfügen, dass ich Jahre gebraucht habe, um sie zu befolgen, und natürlich gelingt es einem nicht immer. Aber es sind großartige Ratschläge erfahrener und erfolgreicher Persönlichkeiten, die ungebrochen Inspiration für uns alle sein können. Natürlich will das alles geübt sein. Bis heute versuche ich sie immer wieder zu memorieren, bevor ich eine Aktivität setze. Aber kein Stress. Eines nach dem anderen. Wer schon ein paar Punkte beachtet, wird merken, wie leicht die Dinge plötzlich gehen. Probieren. Anschauen. Freuen. Ah, das funktioniert ja wirklich. Gespräche nehmen positive Wendungen, neue Geschäftspartner tun sich auf. Kleine Wunder im Businessalltag. Was bleibt, ist ein Lächeln und ein Gefühl, das der beste Motor des Erfolgs Glück ist. Mission erfüllt.

WAS WIR UNS MERKEN KÖNNEN

→ Wer immer den leichten Weg geht, wird es schwer an die Spitze schaffen. Man muss sich den unangenehmen Situationen im Leben stellen und sie mit Entschlossenheit überwinden. Es geht.

→ Wenn man auf seine Art zu kommunizieren achtet und einen angenehmen und freundlichen Ton pflegt, profitiert man nicht nur selbst davon, sondern läuft auch nicht Gefahr, jemanden zu verletzen.

→ Eile ist die Feindin der Würde. Der Mensch, der sich unter Kontrolle hat, kann alles schaffen. Durch innere Ruhe gewinnt man immens an Ansehen.

→ Die Kunst besteht darin, eine natürliche Balance aus Authentizität und Direktheit an den Tag zu legen. Nicht schönfärben, sondern sagen: Das kann ich wirklich gut. Das liegt uns. Das machen wir besser als andere.

→ Wenn man jemanden dazu bringen will, etwas zu tun, dann ist es wichtig, dass ich, bevor ich rede, einmal nachdenke und mich frage: Wie kann ich diese Person dazu bringen, das zu tun, was ich von ihr will?

→ Man braucht einen Plan.

→ Jedes Wort des Lobes ist viel mehr wert und hat so mehr Bedeutung als Hunderte Lästereien. Durch ein Wort ehrlich gemeinter Anerkennung kann man nicht nur jemandem den Tag verschönern, sondern sein Leben in eine breitere Zukunft lenken.

→ Ein Lächeln ist mächtiger als jeder Kostenvoranschlag. Wenn man jemanden lächeln sieht, ist es fast ansteckend, und man muss ebenfalls die Mundwinkel auseinanderziehen.

→ Irren ist menschlich. »Ich könnte falsch liegen, vergleichen wir unser Wissen« – das wirkt fast wie Magie, und niemand wird dir widersprechen, wenn du mit dieser Aussage kommst.

→ Zügle dein Temperament. Denke daran, du kannst eine Person abschätzen und ihr Gemüt erkennen, an dem was sie wütend macht. So erfährt man den Schwachpunkt eines anderen.

Kapitel

Jeder kann ein
Influencer sein

6. Kapitel

Jeder kann ein Influencer sein

Obwohl ansteckend, aber: Influencer ist keine Grippe. Ein Influencer ist jemand, der mit bestimmten Maßnahmen Menschen beeinflussen kann. Damit sind eben genau nicht nur wie früher Entscheidungsträger, Manager, Politiker, Journalisten oder Künstler gemeint, sondern auch »normale« Leute, die etwas Größeres bewirken wollen und können.

Es gibt bestimmte Schlüssel, die das Tor öffnen und den gewünschten Effekt bringen: Sie beeinflussen Menschen.

Und ich dehne den Begriff »Influencer« in diesem Kapitel bewusst auf alle Menschen aus, die andere (positiv) beeinflussen wollen, und meine nicht nur das neumodisch klassische Beispiel des jungen Influencers im Lifestyle von Caffè-Latte-Genüssen, Sonnenbädern oder Shoppingtouren. Nicht nur Blogger sind automatisch Markenbotschafter oder elektronische Vorbilder einer neuen Generation.

Moving Forward will Teil einer Motivation sein, auf andere inspirierend und energetisierend zu wirken.

Und gehen wir der Sache auf den Grund, worum es überhaupt geht, um im weitesten Sinne des Wortes Influencer zu sein, weit über Instagram, über Facebook hinaus, sondern ganz grundsätzlich aus dem eigenen Charisma heraus.

Zuerst das Wichtigste: Erkenne und benenne dein Ziel klar und mitreißend.

Der zweite wesentliche Schlüssel zum Tor der Aufmerksamkeit lautet: Finde wesentliche Muster. Man muss nicht 50 verschiedene Dinge oder Verhaltensweisen ändern, um ans Ziel zu kommen. Man braucht nur einige, aber die müssen ausschlaggebend sein. Aber wie bringe ich die Leute dazu, meine gewählten Maßnahmen durchzuführen?

Mit dieser Frage kommen wir zu Punkt drei: Nütze alle sechs Quellen des Einflusses:

Eigen-Motivation. Die Menschen müssen von sich aus motiviert sein, deine Vorschläge zu glauben und deine Maßnahmen durchzuführen.

▷ Fähigkeiten: Kann das auch jemand umsetzen? Sind deine Ideen und Tipps nachvollziehbar?

▷ Soziale Motivation: Manchmal wird jemand durch andere zu falschen Verhaltensweisen oder Maßnahmen gedrängt. Man darf falsche Handlungen nie zur Norm werden lassen, das ermutigt Nachahmer.

▷ Soziale Fähigkeit: Übersteigen die Vorschläge meine Möglichkeiten organisatorisch und finanziell?

▷ Strukturelle Motivation: Damit sind Maßnahmen oder ein Umfeld gemeint, das Menschen motiviert. Es sollte immer einen triftigen Grund geben, die (scheinbar) richtige Maßnahme zu ergreifen.

▷ Strukturelle Fähigkeit: Bestimmte Dinge können zu einer besseren Leistung führen, aber auch genau das Gegenteil bewirken. Ein gutes Beispiel ist das Internet. Nie zuvor hatte jemand die Möglichkeit, das nahezu komplette Wissen der Welt in der Hosentasche mit sich zu tragen, und trotzdem schadet das Internet den meisten Menschen mehr, als es ihnen nützt. Man muss darauf achten, dass Werkzeuge bestimmungsgemäß verwendet werden. Nur dann kann man ihr Potenzial ausnutzen.

Die gute Nachricht: Influencer kann jeder sein, auch schon in seinem persönlichen Bereich, sogar ohne Internet beginnend. Sie nutzen den Domino-Effekt. Influencer stoßen Dinge an, die dann eine Eigendynamik entwickeln.

Ausgezeichnete Influencer graben immer nach den einigen wenigen Veränderungen, die den größten Unterschied ausmachen. Auf ihrer Suche danach verwenden sie verschiedene Methoden. Zuerst schauen sie sich die offensichtlichen Maßnahmen an, die aber oft übersehen werden. Danach gehen sie ins Detail. Auch wenn 98% der Zeit alles gut läuft, schauen sie sich die 2%, in denen es nicht funktioniert, genauer an. Sie recherchieren mikroskopisch. Influencer checken nicht nur Daten, sondern beobachten einzelne Personen in ihrer Umgebung, um von ihren Gewohnheiten zu lernen. Daraus leiten sie ihre Analysen ab und kleiden das Ganze in praxisnahe Tipps. Menschen fühlen sich so *verstanden*.

Die Motivation: Gutes Verhalten fühlt sich meistens langweilig oder schlecht an, schlechte Gewohnheiten bringen genau gegenteilige Gefühle in uns hervor. Wie können wir das ändern? Es braucht die Möglichkeit der Entscheidung. Sich für oder gegen etwas zu entscheiden, bedeutet für das Individuum gar nichts, wenn es nicht die Möglichkeit hat, sich anders zu entscheiden. Man sollte nie mit dem erhobenen Zeigefinger kommen, das hilft nicht. Wenn man eigene Erfahrungen in realen Situationen macht, bleibt das besser hängen als irgendetwas, das man einmal in einem Buch gelesen hat.

Außer in diesem Buch (kleiner Scherz).

Mit Hilfe von aussagekräftigen Geschichten können Menschen leichter neue Informationen verinnerlichen, und das neu Gelernte kann ihre Gewohnheiten auf schnellste Weise verändern. In jedem Job gibt es ein Spaß-Element. Wenn du das findest, ist der Job nur noch ein Spiel.

Ein Verhaltensexperte hat herausgefunden, dass jede Tätigkeit attraktiv sein kann, wenn es vernünftige Ziele und klares, häufiges Feedback gibt.

Die meisten von uns werden so eine Situation kennen: Man muss noch etwas erledigen, aber die Freunde wollen ausgehen. Oder man möchte abnehmen, aber das Vanilleeis schaut so verlockend aus. Die Willenskraft, behaupten viele Menschen, ist etwas, das angeboren ist. Walter Mischel von der Columbia University ist anderer Meinung. Er behauptet, dass die Willenskraft genau so eine erlernbare Fähigkeit ist wie Fahrrad fahren.

Respektspersonen haben viel Einfluss. Ein Blick von so einer Person reicht, um entsprechende Wirkung auf seine Umgebung auszuüben. Eine Respektsperson muss immer ein Vorbild sein und sich immer besser verhalten als ihre Mitmenschen.

Es geht um die Einstellung. Und um die Realität. Wer Einfluss haben will, sollte sich einmal im Klaren sein, was er oder sie besser kann oder besser weiß als andere. Außerdem sollte man wissen, welcher Typ Mensch man ist.

Es gab einen spannenden kleinen Psychotest, zu dem ich auch gerne einlade. Das »Ich« hat nämlich vier Buchstaben, wie wir bald sehen werden.

Persönlichkeitstests sind wie Kreuzworträtsel fürs Ich. Als wüsste man nachher endlich, wer man ist. Und weil das nie ganz stimmt, macht man den nächsten Test auch wieder. Mit dem gleichen Einsatz. Mit derselben Erwartung. Dieser hier kommt der Lösung auf wissenschaftlicher Grundlage unglaublich nahe. Eine Kombination aus vier Buchstaben sagt einem, welcher Typ man ist. Vielleicht ist man eine loyale Kollegin, die den Mitarbeitern zur Hand geht, wenn die keine mehr frei haben. Womöglich ist man die Nervensäge, die ihren Freunden auf die Nerven geht, weil sie keine mehr hat. Mag sein, man ist ein Familienmensch, der in seinen Kindern aufgeht, bis es ihn selber gar nicht mehr gibt. Oder ein Freigeist, dem jede Liaison in die Binsen geht, weil er sich nicht binden will. Eventuell ist man ein Hirnmensch, bei dem nichts ohne Verstand geht, weil er sich nicht das Herz nimmt, an sich zu glauben. Oder man ist irgendwas zwischen Macher und Chaot, Optimist und Träumer. Wenn man nicht genau weiß, wie man tickt, kann man seine Persönlichkeit auf den Prüfstand stellen. Man macht einen Check.

In der klinischen Psychologie sollen Tests Besonderheiten des Charakters erfassen. In der psychologischen Grundlagenforschung setzt man Tests ein, um das menschliche Verhalten besser zu verstehen. In der Berufswelt helfen Tests dem Personalchef, den besten Kandidaten für einen Job zu finden. Und dann gibt es noch die Lawinen an Persönlichkeitstests, die einem sagen, wie der richtige Partner gestrickt sein soll, ob man schon bereit für ein Baby ist oder welche Todsünde einem am ehesten entspricht. Solche Tests sind zwar unterhaltend, haben mit Wissenschaft aber wenig zu tun. Welche Werte und Eigenschaften den Charakter formen, kann man trotzdem selbstständig in Erfahrung bringen. Auf sinnvolle Art.

1962 erschien in den USA der Myers-Briggs-Typindikator (MBTI), den Katharine Cook Briggs und ihre Tochter Isabel Myers jahrelang entwickelt hatten. Und dort ist der Test, der auf der Typologie von Carl Gustav Jung aufbaut, noch heute sehr beliebt. Wie beim MBTI wird auch beim Typentest die Persönlichkeit auf vier Ebenen unter die Lupe genommen:

> Energie. Die Eigenschaften: extrovertiert oder introvertiert. Auf dieser Ebene wird ermittelt, wohin man seine Energie richtet. Entweder nimmt

man aktiv mit den Menschen Kontakt auf. Oder man beschäftigt sich lieber mit sich selbst.

> Denken. Die Eigenschaften: praktisch oder theoretisch. Hier geht es darum, ob man realistisch ist und auf seine Erfahrungen vertraut. Oder ob man doch ständig Geistesblitze hat und Ideen umsetzt.

> Entscheiden. Die Eigenschaften: logisch oder fühlend. Wie trifft man Entscheidungen? Entweder grübelt man und entscheidet dann logisch oder man richtet sich nach persönlichen, emotionalen Werten und nach seinem Bauch.

> Leben. Die Eigenschaften: geplant oder spontan. Wie verbringt man seine Tage? Entweder ist der Alltag klar strukturiert und die Zukunft detailliert organisiert oder man lebt im Augenblick.

Aus diesen vier Ebenen und acht Möglichkeiten ergeben sich sechzehn Typen in vier Gruppen. Welcher einem am ähnlichsten ist, verraten die Anfangsbuchstaben der Eigenschaften, die auf einen zutreffen. Energetisch ist man also entweder E wie extrovertiert oder I wie introvertiert. Man denkt entweder P wie praktisch oder T wie theoretisch. Man

entscheidet entweder L wie logisch oder F wie füh-
lend. Und man lebt entweder G wie geplant oder S
wie spontan. Hat man die zutreffende Eigenschaft
gewählt, erhält man die Kombination aus vier Buchstaben, die für den jeweiligen Typ steht:

DIE AKTIONISTEN

> EPLS: die Macher. Sie suchen Herausforderun-
  gen und den Wettbewerb mit anderen, sind
  entschlossen, direkt, objektiv, gewissenhaft
  und risikofreudig. Berufe: Händler, Ingenieur,
  Sanitäter, Sportler, Unternehmer. Prominente:
  Madonna, Jessica Alba, Muhammad Ali.

> EPFS: die Entertainer. Sie interagieren gern mit
  anderen, sind freundlich, enthusiastisch, lebhaft,
  tolerant und flexibel. Berufe: Designer, Koch,
  Künstler, Politiker, Schauspieler. Prominente:
  Elvis Presley, Drew Barrymore, Bill Clinton.

> IPLS: die Handwerker. Sie suchen die Abwechs-
  lung, sind logisch, spontan, abenteuerlich, praktisch, selbstständig, entschlossen und sachlich.
  Berufe: Pilot, Landwirt, Bauarbeiter. Prominente:
  Dominic Thiem, Johnny Cash.

> IPFS: die Genießer. Sie kosten den Moment aus und nehmen die Dinge, wie sie kommen, sind harmonisch, sensibel, zurückhaltend, einfühlsam und heiter. Berufe: Dekorateur, Erzieher, Kinderarzt, Künstler. Prominente: Joey Kelly, Freddie Mercury.

DIE TRADITIONALISTEN

> EPLG: die Direktoren. Sie wollen stets die Kontrolle über sich und ihre Umgebung haben, sind praktisch veranlagt, verantwortungsvoll, selbstsicher, kritisch und verlässlich. Berufe: Beamte, Lehrer, Manager. Prominente: Daniel Craig, Bruce Willis, Mel Gibson.

> EPFG: die Gastgeber. Sie sind gerne für andere da und wollen gebraucht werden. Sie sind emotional, loyal, hilfsbereit, fürsorglich und gründlich. Berufe: Friseur, Krankenschwester, Sozialarbeiter. Prominente: Jennifer Lopez, Justin Timberlake.

> IPLG: die Inspektoren. Sie nehmen alles ganz genau und wörtlich, sind beharrlich, sachlich, ordentlich, pflichtbewusst und vernünftig.

Berufe: Anwalt, Buchhalter, Zahnarzt. Prominente: Angela Merkel, Jodie Foster, Prinz Charles.

> IPFG: die Fürsorger. Sie achten darauf, was andere brauchen, und umsorgen sie. Außerdem sind sie loyal, rücksichtsvoll und pflichtbewusst. Berufe: Arzt, Administrator, Erzieher. Prominente: Mutter Teresa.

DIE IDEALISTEN

> ETFS: die Komiker. Sie reden nicht nur gerne über ihre Ideen, sie setzen sie auch um, sind spontan, locker, charmant, optimistisch und kreativ. Berufe: Berater, Journalist, Psychologe. Prominente: Nina Hagen, John F. Kennedy, Mark Twain.

> ETFG: die Lehrer. Sie bringen das Beste in den Menschen zum Vorschein und sind sympathisch, enthusiastisch, redegewandt, engagiert und diplomatisch. Berufe: Autor, Manager, Lehrer, Politiker. Prominente: Sarah Jessica Parker, William Shakespeare, Barack Obama.

> ITFS: die Träumer. Sie haben eine enorme Vorstellungskraft, sind schwärmerisch,

perfektionistisch, emotional und freundlich. Berufe: Musiker, Psychiater, Schriftsteller. Prominente: Joanne K. Rowling, Angelina Jolie, Michael Jackson.

> ITFG: die Psychologen. Sie erkennen Gefühle instinktiv und versuchen, ihren hohen Erwartungen gerecht zu werden. Sie sind einfühlend, empfindsam, gewissenhaft und auch kompliziert. Berufe: Arzt, Sozialarbeiter, Pfarrer. Prominente: Günther Jauch, Dalai Lama, Mahatma Gandhi.

DIE RATIONALISTEN

> ETLS: die Erfinder. Sie haben viele Ideen und probieren gerne Neues aus, sind innovativ, offen, neugierig, unternehmungslustig, clever und risikobereit. Berufe: Computer-Spezialist, Anwalt, Politiker. Prominente: Thomas Edison, Salma Hayek, Leonardo da Vinci.

> ETLG: die Kommandeure. Sie sind die geborenen Anführer, selbstsicher, direkt, organisiert, ehrgeizig, geistreich und zielstrebig. Berufe: Banker,

Forscher, Manager, Reporter. Prominente: Heidi Klum, Steve Jobs, Margaret Thatcher.

> ITLS: die Denker. Sie wollen die Welt verstehen, verändern oder verbessern, sind skeptisch, logisch, präzise, exzentrisch und kreativ. Berufe: Architekt, Mathematiker, Forscher. Prominente: Woody Allen, John Lennon, Albert Einstein.

> ITLG: die Wissenschaftler. Sie wetteifern mit sich selbst und haben hohe Standards. Sie sind analytisch, beharrlich, selbstverbessernd und entschlossen. Berufe: Jurist, Forscher, Arzt. Prominente: Hillary Clinton, Marie Curie, Bill Gates.

Vier Buchstaben, ein Ego. Da der Test im englischsprachigen Raum auch zur Teambildung dient, lässt sich mit ihm nicht nur dem eigenen Ich auf die Spur kommen. Man kann sich gut vorstellen, mit wem man im Clinch und wem man in den Armen liegen könnte.

Wer das weiß, kann seine Influencer-Strategie von Anfang an richtig anlegen und strategisch knackig ausbauen.

Influencer können eines: sprühen wie Wunderkerzen. Sie verbreiten positive Energie. Egal, ob eine neue Handcreme promoted, ein Rezept für einen veganen Burger verraten und ein Schönheitsgeheimnis gelüftet wird oder Millionen Bücher oder Tonträger verkauft werden: Influencer begeistern ihr Umfeld durch Know-how in Kombination mit positiver Ausstrahlung. Charisma ist der feine Unterschied zwischen Ausstrahlung und Ausdünstung.

Einmal heißt es: Charisma hat man oder man hat es nicht. Dann hört man: Charisma ist nicht angeboren, man kann es lernen. Und wieder andere sagen: Man kann es auch vortäuschen. Also was jetzt?

Man sieht es nicht, man riecht es nicht, man kann es nicht kaufen, man kann es keinem wegnehmen, man kann nicht einmal sagen, warum es der eine hat und der andere nicht. Irgendwie geht es um die Ausstrahlung. Um die Körpersprache. Um das, was man sagt. Und wie man es sagt. Um das, was man fühlt. Und wie man seine Emotionen transportiert. Um das, was man denkt. Und wie man handelt. Ob man begeistern kann. Wie man überzeugen kann. Wie beeinflussbar man ist. Wie viel Aufmerksamkeit man auf sich zieht. Kurz: Ob ein Raunen durch die Menge geht, wenn man einen Raum betritt.

Es ist ein Wort, das jeder versteht, nur niemand so genau weiß, wie man noch dazu sagen könnte. Charisma. Ja ... ähm ... das ist so eine besondere ... du weißt schon... eine Aura vielleicht ... also, wenn jemand ... na ja ... leidenschaftlich und lässig ist ... und gescheit ... sicher auch sympathisch ... vor allem selbstbewusst ... na ja ... ähm ... wenn jemand eben das gewisse Etwas hat. Verstehst du? Nicht wirklich.

Charisma ist etwas Abstraktes. Etwas, das nicht greifbar ist. Und weil sich das Charisma scheinbar aus unzähligen, positiven Eigenschaften zusammensetzt. Das Wort selbst kommt jedenfalls aus dem Griechischen und bedeutet Gnadengabe. Es findet sich ursprünglich vor allem in der jüdisch-christlichen Tradition und heißt dort: von Gott dem Menschen Geschenktes. In der Religionswissenschaft bezeichnet Charisma unter anderem die Begabung oder Befähigung, Offenbarungen, Inspirationen oder Erleuchtungen empfangen zu können. Umgangssprachlich meint man mit Charisma diese besondere Ausstrahlung. Aber was die ausmacht, darüber gibt es verschiedene Meinungen. Selbst die Experten sind sich nicht ganz einig.

Eine Person sollte folgende drei Eigenschaften haben, um charismatisch zu sein. Erstens: Sie muss

Emotionen sehr stark empfinden. Zweitens: Sie muss in der Lage sein, auch andere Menschen so starke Gefühle erleben zu lassen. Und drittens: Sie muss resistent gegenüber Einflüssen anderer charismatischer Personen sein. Gefühle muss man aber nicht stark empfinden, um Charisma auszustrahlen. Man findet vor allem Menschen charismatisch, die anders sind, als man selbst ist. Leute, die so sind, wie man gerne wäre.

Der US-amerikanische Psychologe Ronald Riggio hat sich lange mit dem Begriff beschäftigt und den sogenannten Social Skill Inventory entwickelt. Das ist ein Testbogen mit 90 Fragen. Gemessen werden Expressivität, Kontrolle und Sensitivität. Riggio unterteilt diese drei Komponenten weiter in eine emotionale und in eine soziale Facette.

Soziale Expressivität ist die Fähigkeit, sicher und eloquent aufzutreten und andere in Gespräche zu verwickeln. Mit emotionaler Expressivität meint man das Talent, Gefühle authentisch und unvermittelt auszudrücken und an andere weiterzugeben. Anders gesagt: Charisma wirkt ansteckend. Zeigt man Freude, dann freuen sich auch andere.

Soziale Kontrolle bedeutet, dass man sich schnell auf verschiedene Personen und Situationen einstellen kann. Dass man also sein Verhalten anpassen kann. Hat man seine Gefühle im Griff, hat man auch keine Wutausbrüche und besitzt emotionale Kontrolle.

Und mit der Sensitivität ist es einem möglich, in kurzer Zeit sehr tiefe emotionale Verbindungen zu Menschen aufzunehmen. Mit der sozialen Sensitivität kann man die Stimmung in einer Gruppe im Handumdrehen erfassen und sich auf die Atmosphäre einstellen. Und mit der emotionalen Sensitivität kann man auf jemanden zugehen und ihm das herrliche Gefühl geben, dass er in diesem Augenblick der einzig wichtige Mensch ist. Wer alle sechs Eigenschaften besitzt, und wenn sie in Harmonie zueinander stehen, ist man laut Social Skill Inventory also charismatisch. Jemand, der zum Beispiel sehr expressiv, aber kaum sensitiv ist, wirkt eher komisch.

Charisma ist angeboren. Und auch wieder nicht. Anders gesagt: Charismatisch zu wirken, kann gelernt sein, charismatisch zu sein, allerdings nicht. Der Begriff wird mit Empathie und der Fähigkeit, gut zuzuhören in Verbindung gebracht. Eigenschaften, die man sich aneignen kann. Wie das bildhafte Sprechen, das als sehr charismatisch empfunden wird.

Um zu lernen, so zu tun, als hätte man Ausstrahlung, muss man auf drei Ebenen arbeiten. Auf der Mentalebene geht es um Bewusstseinsarbeit. Denn nur, was einem bewusst ist, kann man verändern. Dabei wird der Geist auf den Zielzustand ausgerichtet. Auf der Körperebene geht es zum Beispiel um Haltung, Gang, Blickkontakt und Stimme. Darum, den Körper richtig einzusetzen. Und bei der Interaktion arbeitet man die Persönlichkeit heraus und verstärkt sie durch individuelle Stil- und Kommunikationsmittel. Hat man dann alles verinnerlicht, wirkt man zumindest charismatisch.

Charismatische Chefs haben glücklichere Angestellte, die sich besser aufgehoben fühlen, loyaler und eher dazu bereit sind, mit Kollegen zu kooperieren. Auch das haben Studien gezeigt. Echtes, nicht aufgesetztes Charisma ist immer positiv. Spielt man es nur vor, muss man schon überzeugend sein, damit man nicht als Schaumschläger entlarvt wird. Damit das nicht passiert, kann man zunächst an seinem Selbstbewusstsein arbeiten. Je gesünder das ist, desto besser ist die Ausstrahlung. Man kann üben, in Bildern zu sprechen. Und man kann die Körpersprache verbessern. Dass die neben der Eloquenz einen großen Einfluss auf die Ausstrahlung hat, fanden Wissenschafter heraus, die ebensolche

Führungspersönlichkeiten genau unter die Lupe genommen haben. Es geht darum, selbstsicher zu sein. Oder zumindest so zu wirken.

Der Influencer glänzt durch Echtheit. Egal, was er tut. Angeln, Tanzen, Schreiben, Singen, Bogenschießen, Kalligrafie lehren, Hunde ausbilden, mit Schafen Yoga machen, egal. Es braucht die Echtheit, die Liebe zum Detail, das Brennen für die Sache und all das eingepackt in einen Koffer voll positivem Denken. Erst werden einem die Menschen zuhören, dann folgen, dann weiterempfehlen, bis die Fangemeinde wächst und wächst und wächst.

Positive Psychologie beschäftigt sich mit den Sonnenseiten des Lebens. Konzentriert man sich auf die, wird das Schlechte zum Guten. Wer bereit ist, das Glück zu umarmen, lockt es an. So einfach kann das nicht sein, sagt der Pessimist in einem. Doch, sagt die positive Psychologie. Es ist die Magnetwirkung des Optimismus.

Im Alltag sieht das so aus: Mach dir keine Vorwürfe, mache es beim nächsten Mal einfach besser, sagt das sonnige Männlein auf der linken Schulter, das sich als Optimist vorgestellt hat. Recht hat er, denkt man. Niemand ist perfekt. Und du schon gar nicht, raunzt der grantige Pessimist auf der rechten Schulter. Bei dir geht alles schief. Du bist heute gescheitert, und du wirst auch morgen scheitern. Schon ist man am Boden zerstört und hat das Gefühl, dass man nie wieder aufstehen wird. Die Aussicht auf Erfolg ist verstellt von Ängsten und Sorgen.

Mit solchen Gefühlen haben sich Psychologen jahrzehntelang beschäftigt. Um ihre angeschlagenen Seelen zu kurieren, mussten Patienten schwierige Lebenssituationen immer wieder durchleben. Bis die Psychologen draufgekommen sind, dass das vielleicht nicht der beste Weg ist. Man könnte doch versuchen, positive Emotionen zu erzeugen und zu verstärken. In den Neunzigern ergab sich aus dieser Denkweise ein eigener Forschungszweig, eben die positive Psychologie.

Martin Seligman von der University of Pennsylvania, einer der Pioniere, beschäftigte sich speziell mit Glück und Optimismus. Er hat ein Trainingsprogramm an zwölf klinisch depressiven Patienten getestet. Diese sollten jeden Abend drei schöne Erlebnisse des Tages aufschreiben, sich überlegen, welche liebenswürdigen Aussagen in ihrem Nachruf stehen sollten, Beschäftigungen ohne Stress durchleben, sich ihrer Stärken bewusst sein und diese auch anwenden. Vierzehn Sitzungen später waren sie bedeutend glücklicher als die Patienten einer anderen Gruppe, in der man nur über negative Gefühle gesprochen hatte. Ob man glücklich ist oder nicht, ist vor allem eine Frage der Lebensweise und der Einstellung.

Manchmal wird man mit Situationen konfrontiert, die nicht so einfach zu bewältigen sind. Dann kommt es darauf an, wie man reagiert. Wenn man optimistisch denkt, lässt man sich nicht so leicht entmutigen, erholt sich schneller von Schicksalsschlägen und lebt länger. Optimismus setzt sich aus drei Faktoren zusammen: der vererbten Grundbegabung zum positiven Denken, den Lebensumständen und der Entscheidung, die Dinge optimistisch zu sehen. Man muss sich bewusst entschließen, negative Gedanken auszublenden. Leider kann man den Pessimisten nicht einfach von der Schulter schupfen. Aber man kann seinen optimistischen Gegenspieler stärken.

Ich hab das geschafft, sagt der Optimist. Besteht er eine Prüfung oder bekommt er einen guten Job, macht er sich selbst für den Erfolg verantwortlich. Alles nur Zufall, meint der Pessimist. Die Prüfungsfragen waren zufällig die richtigen, der Arbeitgeber war heute bloß gut gelaunt, das Projekt ist erstaunlicherweise gut angekommen. Passiert aber etwas Schlechtes, rechnet der Pessimist fest damit, dass sich das wiederholen wird und in einer Katastrophe endet. Der Optimist hat sein Schicksal selbst in der Hand, analysiert sein Scheitern und macht es beim nächsten Mal besser. Er hat Selbstbewusstsein, ein Fremdwort für den Pessimisten.

Man stelle sich vor, jemand kommt daher und sagt: Du bist so ein Versager. Man würde ihn mit Argumenten zuschütten, die das Gegenteil zeigen. Wenn man sich diesen Vorwurf aber selbst macht, glaubt man ihn und wehrt sich nicht. Macht man sich also das nächste Mal Selbstvorwürfe, sollte man sich vorstellen, jemand anderer würde sie einem machen. Und schon fallen einem Argumente ein, mit denen man sich selbst den Wind aus den Segeln nimmt. Grundsätzlich gilt: Je vernichtender das Urteil ist, das man über sich selbst fällt, desto wahrscheinlicher ist es falsch.

Was der Pessimist einem ins Ohr flüstert, ist aber nicht immer vollkommen daneben. Fällt einem so gar nichts ein, was ihn mundtot macht, sollte man Schadensbegrenzung betreiben. Und sich erst einmal fragen, wie wahrscheinlich der schlimmste Fall überhaupt sein kann.

Wenn man zum Beispiel nach einem Vorstellungs-
gespräch den Job nicht bekommt, fragt man sich,
wie wahrscheinlich ist es, dass man nie wieder eine
Arbeit findet. Wurde man nicht eingestellt, weil man
ein Versager ist? Hat man sich nicht gut genug vorbereitet? Antworten, die der Pessimist diktiert, hört
man nicht gern. Aber es gibt auch noch die Erklä-
rungen von der optimistischen Seite. Kann es sein,
dass derjenige, bei dem man sich vorgestellt hat,
heute zufällig schlecht drauf war? War womöglich
der Job gar nicht so ideal, wie man geglaubt hat? Auf
einmal ist es gar nicht mehr so sicher, dass man die
Sache selber verbockt hat. Man ignoriert das Männlein auf der rechten Schulter und hört nur noch auf
den Optimisten. Bewirb dich woanders, sagt er, du
schaffst das schon. Recht hat er.

Und jeder kann den Mut haben, Influencer zu wer-
den. Moving Forward gibt gerne eine Injektion dazu.
Es ist mehr als ein Slogan. Es ist ein Versprechen, ein
Vertrag mit sich selbst.

WAS WIR UNS MERKEN KÖNNEN

→ Erkenne und benenne dein Ziel klar und mitreißend.

→ Influencer kann jeder sein, in seinem Bereich, sogar ohne Social Media.

→ Wer Einfluss haben will, sollte genau wissen, was er oder sie besser kann als andere. Außerdem sollte man wissen, welcher Typ Mensch man ist.

→ Übe, in Bildern zu sprechen. Und achte auf die Körpersprache. Es geht darum, Selbstsicherheit glaubhaft darzustellen.

→ Es braucht Echtheit, die Liebe zum Detail, das Brennen für die Sache.

7.
Kapitel

Strategien gegen den Stress

7. Kapitel

Strategien gegen den Stress

Volle Konzentration. Wenn die Gedanken abschweifen, ist der Fokus beim Teufel. Wenn im Hirn dauernd irgendwer Pause schreit, ist es Zeit für ein paar Übungen. Methoden, um die Aufmerksamkeit wiederherzustellen, gibt es viele. Eine davon ist, nicht mit mir unterwegs zu sein.

Kleiner Scherz. Ich muss mir selber immer vorsagen, Seppi, was glaubst du, denken sich die Leute jetzt über dich? Aber es ist eben schwierig, wer heute etwas weiterbringen bringen will, hat eben oft Stress. Das ist so. Stress ist leider teilweise längst zum Statussymbol geworden. Wie geht's dir? Puh, voll im Stress! – Ich auch! Wem sagst du das? Ich muss weiter, sonst geht sich das alles nicht aus. Mein Tag müsste 48 Stunden haben, dann könnte ich ruhig leben. Jessas na!

Mails checken, twittern, posten, reden, tippen und Alexa fragen, wie das Wetter morgen wird. Am besten wäre, sich direkt ans Internet anzuschließen und nur mehr online zu sein. Die Leute werden immer verrückter, willkommen in der Digitalisierung. Das Leben ist lebensgefährlich schnell, und man hat das Gefühl: Nur die Schnellsten und Besten kommen durch. Das schien leider immer schon so. Früher mit der Keule, heute mit dem Smartphone. Das Spannende, ja Lustige dabei ist, dass Leute, die extrem im Stress sind, es auch zeigen und gleichzeitig so tun, als wäre ihnen das vollkommen egal.

Stress kann einem nicht nur die Laune und den Tag oder die Nacht verderben, Stress kann einen umbringen.

Arianna Huffington, Gründerin der Huffington Post, hatte eine sehr erfolgreiche Karriere, doch eines Tages brach sie zusammen. Diagnose: Erschöpfung. Ursache: Stress. Die Frau war zu dem Zeitpunkt halbtot. In ihrem Buch *Thrive* schreibt sie von den drei besten Methoden zur Vorbeugung. Sport, gesunde Ernährung und ausreichend Schlaf. Als wäre das neu.

Trotzdem, wer sich bewegt, vernünftig ernährt und nicht erst um vier in der Früh ins Bett fällt, wird neben einem gesunden Körper einen leistungsfähigen

Geist haben. In anderen Worten: Wenn du dir Zeit nimmst, gesund zu leben, erbringst du eine bessere Leistung im Job. Daran fährt kein Zug vorbei. Es gibt keine Wunderpille, die alles wieder gutmacht. Sport, Ernährung und Schlaf. That's it. Das Dreigestirn der Glückseligkeit.

Eine Studie der Harvard Medical School zeigte: Je mehr Schlaf die Testkandidaten bekamen, desto mehr nahm die Anzahl der grauen Zellen (die unter anderem für einen gesunden, glücklichen Verstand zuständig sind) in ihren Gehirnen zu. Eine weitere Studie aus dem Jahr 2013, an Mäusen durchgeführt, hat veranschaulicht, dass das Gehirn durch Schlaf, bildhaft gesprochen, reingewaschen wird. Abfälle, wie verbrauchte Proteine zwischen den Zellen, werden durch ausreichend Schlaf weggeputzt, entfernt. Deswegen beugt gesunder Schlaf sogar Alzheimer vor, meint Professor Nedergaard, einer der Autoren dieser Studie.

Arianna Huffington schwört zudem auf Meditation und Achtsamkeit. »Lebe in der Gegenwart, achte auf jede kleine Tätigkeit und schalte nicht auf Autopiloten.« Gemeint sind kleine, alltägliche Dinge wie zum Beispiel Zähneputzen oder Duschen. »Lass deine

Gedanken bewusst nicht abschweifen und lebe den Moment.«

Frau Huffington sieht Meditation nicht als etwas, wofür man sich Platz im Terminkalender freihalten muss. Sie meint, meditieren müsse man täglich. Es ist ganz simpel: Einfach einmal anständig durchatmen.

Ein.
Und aus.

Man möge sich nur auf die Atmung konzentrieren und nicht mit den Gedanken abschweifen. Alles andere ausblenden und nur an das Einatmen und Ausatmen denken.

Ein.
Und aus.

Meditation hilft nicht nur bei der Entspannung, sondern hat auch andere außergewöhnliche Heilkräfte. Eine Studie des National Institutes of Health hat gezeigt, dass die Sterberate durch Krebs bei Menschen, die meditieren, im Vergleich zu jenen, die es nicht tun, um 23% reduziert ist. Das heißt, einer von vieren überlebt, nur weil er in sich geht.

Konzentration und Introvision. Nachdenken und in sich reinschauen.

Die ganze Aufmerksamkeit auf eine Tätigkeit richten. Das ist alles, was man tun muss. Und schon konzentriert man sich. Meine Güte, klingt das einfach. Und ist doch so schwierig. Um voll und ganz bei der Sache zu sein, darf man an nichts anderes denken. Darf man nichts anderes tun. Darf man sich von nichts und niemandem ablenken lassen. Genau das ist aber fast unmöglich.

Eingehende E-Mails stören die ausgehenden Gedanken. Kurznachrichten lösen lange Gedankengänge aus. Anrufe lenken ab. Im Bombardement der Neuigkeiten fühlt man sich alt, im sozialen Netzwerk manchmal allein gegen alle. Die Gegenwart ist voll von Gedanken an die Vergangenheit oder die Zukunft. Man erfährt derart viel, dass man noch mehr ahnt. Die Zeit vergeht so schnell, dass man immer zu langsam ist. Man spart Minuten, wenn man stundenlang immer zwei Dinge gleichzeitig erledigt. Man denkt an den übernächsten Schritt und hat den ersten noch nicht gemacht. Man hört, Multitasking gibt es nicht, und praktiziert es trotzdem dauernd. Und dann kommt jemand und sagt: Ich bitte dich, richte doch einfach die ganze Aufmerksamkeit auf nur eine Tätigkeit, dann konzentrierst du dich automatisch darauf.

Dazwischen: Stress, Stress, Stress.

Für die Konzentrationsschwäche gibt es viele Ursachen. Gesundheitliche zum Beispiel. Blutzuckerschwankungen, Durchblutungsstörungen im Gehirn, Demenz, Schilddrüsenstörungen, neurologische oder psychologische Erkrankungen können die Aufmerksamkeitsspanne deutlich verkürzen. Genauso wie Drogen- oder Alkoholkonsum. Ja, so ein Kübel Wodka-Red Bull in der Passage kann einem die Scharfsicht auf ein Thema durchaus vernebeln. Im Ernst: Oft lenken einen auch nur die Sorgen des Alltags ab. Gedanken, die einem auf der Nase herumtanzen. Und Stress ist ein Spezialist in Sachen Konzentrationsstörungen.

Je besser man gelaunt ist, desto besser kann man sich auf eine Sache fokussieren. Eine Fähigkeit, die man braucht, um sich zu entspannen. Und um zum Beispiel ein Buch auch zu lesen, statt bloß umzublättern. Wie es dabei um die Konzentration steht, hat der PISA-Test für Erwachsene gezeigt. 2,5% der österreichischen 16- bis 65-Jährigen konnten höchstens konkrete einzelne Informationen in kurzen

Texten identifizieren. 12,8% verstanden zwar kurze Texte, bei längeren hatten sie aber schon Probleme, widersprüchliche Informationen zu verstehen. Am Ende eines Artikels oder gar eines Buchs zu sagen, worum es geht, können rund 15% der Österreicher nicht.

Besonders im Job ist Konzentration gefragt. Aber gerade da rotten sich die Störenfriede in Legionen zusammen. Es beginnt schon damit, dass der Schreibtisch und der Bürostuhl nicht auf der Höhe sind, die für den Körper optimal ist. Hat der Sessel eine bewegliche Rückenlehne, die bis zu den Schultern reicht, wird die Wirbelsäule entlastet. Erreicht man mit den Füßen den Boden, bilden Ober- und Unterschenkel wie die auf der Tischplatte aufliegenden Ober- und Unterarme einen 90-Grad-Winkel. Sind die Augen und der obere Rand des Bildschirms, der natürlich nicht wackeln darf, auf einer Höhe, dann sind Bürostuhl und Schreibtisch richtig eingestellt.

Sonnenlicht verbessert die Stimmung und damit die Konzentration. Bekommt man zu wenig davon, sollte der Arbeitsplatz zumindest gut ausgeleuchtet sein. Und zwischendurch lüftet man das Büro immer wieder. In Großraumbüros ist der Stresspegel zwar so hoch, dass er sogar zu Depressionen führen kann, aber dafür hat man Raumteiler oder Büromöbel erfunden, die Geräusche einfach verschlucken. Wenn das nichts nützt, stellt man ein paar Regeln auf. Dann gibt es zum Beispiel fixe Telefonzeiten und einen Verhaltenskodex. Davon profitieren alle Mitarbeiter. Und den lauten Kopierer stellt man in eine Ecke, von der aus er niemandem den Nerv ziehen kann. Auch mit Musik, natürlich über Kopfhörer, oder Ohropax kann man sich abschirmen. Und schon dankt es die Konzentration, indem sie das Hirn bei der Sache hält.

Müdigkeit und Langeweile sind die großen Strategen der Ablenkungsmanöver. Ein gesunder Schlaf ist äußerst wichtig für die Konzentration. Haben wir schon von Frau Huffington gehört. Sieben Stunden werden empfohlen. Aber jeder Mensch ist anders. Wer mehr braucht, muss eben früher ins Bett. Und den Büroalltag gestaltet man nach Möglichkeit selbst. Je mehr Freiheiten man sich nehmen darf, desto besser. Denn dann kann man die Aufmerksamkeit gezielt steigern und der Erschöpfung entgegenwirken. Spürt man, dass die Konzentration nachlässt, legt man zehn Minuten Pause ein. Oder erledigt eine andere Aufgabe zuerst. Am besten, man fängt morgens mit der unangenehmsten und schwierigsten an. Dann hat man später noch genug Kraft. Hat man etwas geschafft, lobt und belohnt man sich. Mit einer Tasse Kaffee, die man in Ruhe genießt. Einem Plausch mit der Kollegin. Oder netten Worten zu sich selber. Studien haben gezeigt: Eigenlob erhöht die Motivation.

Die Aufmerksamkeit folgt dem Blutzuckerspiegel in den Keller. Süßigkeiten helfen nur kurzfristig. Obst, Gemüse und Vollkornprodukte, Eier, Nüsse, Fisch und auch mageres Fleisch locken den Blutzuckerspiegel aus dem Unter- ins Obergeschoss. Und da bleibt er dann auch eine Weile. Zusammen mit der Konzentration. Die kann man erhöhen, wenn man regelmäßig Sport macht, mit dem Fahrrad zur Arbeit fährt oder zumindest immer wieder einmal seinen Allerwertesten vom Bürosessel erhebt und ein paar Schritte macht. In der Pause zum Beispiel. Oder während man telefoniert.

Ich persönlich gehe seit ein paar Jahren mehrmals im Jahr Fasten: eine Woche, Stift Geras oder Kloster Pernegg, nur Tee, Mineralwasser, Fastensuppe, NICHTS essen. Trotzdem leichten Sport, und endlich liest man wieder mehr. Manche schaffen das zwar auch zu Hause, aber für die meisten sind die Verlockungen im Alltag (zu Recht) zu groß. Durch den Ortswechsel gewinnt man die Kraft, es zu tun, es legt fast den Schalter um, jetzt bin ich hier und lasse mich darauf ein. »Es putzt einen aus«, sage ich immer, man kommt gestärkt und mit neuen Ideen zurück. Und die paar Kilo weniger sind natürlich auch nicht unangenehm.

Weiters: Um Inhalte besser zu verstehen und sie sich einzuprägen, kann man sich alles ganz genau vorstellen. Dann konzentriert man sich mehr darauf.

Man kann Gedichte auswendig lernen, um das Gedächtnis zu trainieren und die Aufmerksamkeit langfristig zu steigern. Vier Zeilen pro Tag genügen schon. Man kann meditieren, das wissen wir auch schon von Frau Huffington. Im Büro geht das, indem man einfach für ein paar Minuten nichts tut. Und nichts sagt. Und einen Punkt im Raum fixiert. Konzentriert man sich drei Minuten nur auf diesen Punkt und denkt dabei an nichts, ist das wie Meditation.

Man kann sich mit Akupressur helfen. Dazu massiert man mit Daumen und Zeigefinger die Ohrläppchen und zieht dann mehrmals an ihnen. Man könnte auch sagen: Man zieht sich selber die Ohren lang und sagt sich: Jetzt konzentrier dich doch endlich einmal!

Ähnlich funktioniert die Introvision, also der umgedrehte Operngucker ins Ich. Mit dem Blick nach innen setzt man sich mit Ängsten und Sorgen auseinander, bis sie weg sind.

Ein Beispiel: Vierundzwanzig Augenpaare warten, dass man den Mund aufmacht. Ein Dutzend Kollegen wollen den Bericht hören, den man seit Monaten vorbereitet hat und seit Wochen auswendig kennt. Vor ein paar Stunden hat man ihn noch im kleinen Finger gehabt. Und dort ist er auch jetzt noch und weigert sich, sich vortragen zu lassen. Den Kollegen wird langsam fad beim Schauen, sie vertreiben sich die Zeit mit Räuspern und trommeln leise Märsche der Aufforderung auf die Tischplatte im Konferenzraum. Da denkt man, sag das meiner Angst.

Man hat versucht, sie zu ignorieren, zu verdrängen, im finstersten Mausoleum des Unterbewusstseins zu begraben. Aber sie ist erfinderisch, die Angst, sie sucht sich ihr Schlupfloch und kriecht heraus, immer schön nach oben, wo sie einem die Kehle zuschnürt, damit kein Wort von dort über die Lippen raus kann. Dafür liegt sie einem in den Ohren. Schluck mich runter, sagt sie, die Angst, wenn du mich überwindest, geh ich freiwillig in mein Mausoleum zurück. Lustiges Kerlchen.

Eigentlich meint sie es nur gut mit einem, die Angst. Sie sagt, wie man sie vertreiben kann. Und sie weiß, dass die Gelassenheit direkt hinter ihr wartet, um ihren Platz einzunehmen. Angelika C. Wagner hat eine Methode entwickelt, die sich Introvision nennt, eben Innenschau.

Schon die Philosophen im antiken Griechenland beschäftigten sich mit dem Blick nach innen. Und der Psychologe Franz Brentano kam im Jahr 1874 zu dem Ergebnis, dass die damals noch Introspektion genannte Methode für die empirische Forschung ungeeignet ist, weil sich ein Gefühl – wie zum Beispiel die Wut – in Luft auflöst, sobald man es intensiv von innen betrachtet. Genau das macht sich die Introvision zunutze.

Setzt man sich nur lange genug mit seinen Ängsten und Sorgen auseinander, verlieren sie ihren Schrecken, das ist die Theorie. Die Praxis zeigt, dass die mentale Selbstregulation schon gegen Burnout, Depressionen, Migräne, Stress, Ärger und sogar gegen Schwerhörigkeit geholfen hat. Hochleistungssportler nutzen die Praktik, um im Wettkampf konzentrierter zu sein. Flug-, Prüfungs- oder eben Redeangst verschwinden.

Wissenschafter aus Zürich haben das Phänomen untersucht und herausgefunden, dass der Erregungspegel im Angstzentrum des Gehirns, das man Amygdala nennt, schon nach elf Sekunden intensiver Beobachtung der eigenen Gefühle sinkt. Und Burnout-Forscher sind überrascht, dass etwas, das so einfach ist, gleichzeitig so wirkungsvoll sein kann. Für chronisch Gestresste sei die Methode eine große Chance, weil innere Konflikte einfach aufgelöst werden. Danach ist man gelassener und leistungsfähiger. Die Angst blockiert einen nicht mehr.

Innere Konflikte entstehen, wenn man glaubt, dass etwas geschehen wird, das nicht geschehen darf, oder etwas nicht passiert, das passieren soll. Dabei muss es sich gar nicht um eine große Katastrophe handeln. Wie einen turbulenten Flug bei Schlechtwetter, der nicht eintritt, man aber trotzdem nicht gern über den Wolken ist, obwohl gar keine da sind. Oder eine Kündigung, die man erwartet, obwohl einem eine Beförderung in Aussicht gestellt wurde.

Viel öfter aber sind es die kleinen Probleme, die dazu führen, dass man im Geiste die sogenannte Sollvorstellung zerstört, bevor sie in der Realität eintreten kann. Man ist zum Beispiel davon überzeugt, dass ein Tag, der damit beginnt, dass die Kaffeemaschine kaputt ist, und der im Stau auf dem Weg zur Arbeit weitergeht, auf keinen Fall besser werden kann, obwohl ein Haushaltsgerät mit einem Verkehrsproblem so wenig zu tun hat wie Furcht mit Vernunft.

Auch berufliche oder private Situationen, in denen man sich selbst unter Druck setzt, können zu inneren Konflikten führen. Oft sind solche Sorgen und Ängste völlig umsonst, meistens unrealistisch und oft genug subtil, doch sie setzen sich im Gehirn fest, werden als wichtig empfunden und blockieren die klaren Gedanken. Es wird immer schwieriger, sich den Aufgaben des Alltags zu widmen. Und das kann sich auch auf den Körper auswirken. Typische Begleiterscheinungen sind Verspannungen, Schlafstörungen, Bauch- oder Kopfschmerzen, im schlimmeren Fall auch Panikattacken oder Kreislaufprobleme.

Mit der Introvision macht man die inneren Konflikte ausfindig und setzt sich mit seinen Ängsten und Sorgen auseinander, bis sich die Gedanken nicht mehr im Kreis drehen. Erste Frage: Was würde denn schon passieren, wenn etwas geschieht, das nicht geschehen soll?

Denkt man sich die Sache durch, kommt man meistens drauf, dass die wilden Fantasien die Wirklichkeit um einiges toppen. Man durchlebt seine Befürchtungen, und plötzlich verwandeln sie sich in bloße Möglichkeiten oder verpuffen einfach. Damit verlieren sie ihre Wertigkeit, mentale Blockaden werden aufgelöst, und selbst in ehemaligen Extremsituationen bleibt man ruhig und handlungsfähig. Versagensängste, beruflicher wie privater Natur, verschwinden. Gelassenheit macht sich breit.

Einfach ist es nicht, belastende Gefühle aus dem Gehirn zu vertreiben und den Stress zu vergessen, unmöglich ist es jedoch nicht. Hat man sich erst einmal mit dem Feind beschäftigt und herausgefunden, womit und warum er einen aufregt oder verängstigt, hat man das Monster schon halb gezähmt. Auch ein Tagebuch kann dabei helfen, die kleinen Ärgernisse des Alltags nicht ganz so ernst zu nehmen. Man schreibt auf, was einen wann und wieso aufgebracht hat. Fast ein »Zornbuch«, könnte man sagen. Man lässt es einige Zeit liegen. Man liest es. Und auf einmal stehen da Gedanken, von denen man sich nicht vorstellen kann, sie je gedacht zu haben. Kommt man danach wieder einmal in eine ähnliche Situation, geht man schon sehr viel lockerer mit dem Kreisel im Kopf um. Es ist, als hätte man ein Kunststück gelernt: Man kann Elefanten wieder in Mücken zurück verwandeln. Simsalabim. Expecto Patronum!

Sich über etwas aufzuregen, das man nicht ändern kann, ist, wie einen Fluss leer schöpfen zu wollen. Das weiß man bei den anderen, das sagt man sich selber. Allerdings dauert es ein bisschen, bis man es selbst glaubt. Hat man einmal verstanden, dass dabei nichts Gescheites herauskommt, hängt man nicht mehr wehmütig an der Vergangenheit, sorgt sich nicht mehr ängstlich um die Zukunft und lebt auf einmal friedvoller in der Gegenwart. Nicht, dass man dort dann überhaupt keine Probleme mehr hat, aber wenigstens die selbst gestrickten kann man weniger ernst und dadurch gelassener nehmen. Man reibt sich wie Balu der Bär aus dem Dschungelbuch den Buckel an einem Baum und summt: »Probier's mal mit Gemütlichkeit, mit Ruhe und Gemütlichkeit jagst du den Alltag und die Sorgen weg!«

Wie man auf Krisen reagiert, hängt von der inneren Stärke ab. Sie ist lernbar. Stichwort: Resilienz. Katastrophen? Pah! Das Schicksal schlägt blaue Flecken. Deshalb muss man die Zukunft noch lange nicht schwarzsehen. Es gibt einen Schutz-Mechanismus, eben die Resilienz. Sie verhindert nicht, dass einen die Schicksalsschläge nicht mehr treffen. Sie ist die Kraft, die man braucht, damit es einen nicht umhaut.

Katastrophen passieren, ja, oft, manchmal wöchentlich, täglich, stündlich, permanent! Der Chef, der einen gerade noch gelobt hat, befördert den Neuen. Das Finanzamt stellt eine horrende Summe fällig, weil der Steuerberater eine Frist versäumt hat, und der sagt: ups. Der Sponsor sagt, du, mein Freund, dieses Mal muss ich dich leider enttäuschen, sie haben mir das Budget gekürzt und leider ist davon auch dein Projekt betroffen. F-Word-Gefahr! Manche hadern mit dem Schicksal, wenn ihnen ein Rotwein auf die Anzughose tropft. Sie reagieren auf Krisen aller Art panisch, stecken den Kopf in den Sand oder landen mitten in der schönsten Depression. Andere gehen aus den Desastern in ihrer Vita als neue, bessere Menschen hervor. Sie sehen selbst in großen Krisen eine Kraftquelle. Die Kunst der inneren Stärke – Resilienz. Und jeder kann sie lernen.

»Bedeutende Erfolge sind auch die Ergebnisse überwundener Krisen«, sagte der deutsche Schriftsteller Hans Arndt. Und er scheint recht zu haben. Sieht man sich in den Biografien bekannter und berühmter Menschen um, stößt man in deren Vergangenheit überdurchschnittlich oft auf Abgründe. Coco Chanel und Charlie Chaplin haben ihre Jugend im Waisenhaus nur knapp überlebt. Oprah Winfrey wuchs als Tochter einer minderjährigen Putzfrau in bitterster

Armut auf, wurde als Mädchen missbraucht, entwickelte eine schwere Essstörung und wurde zur amerikanischen Top-Mega-Königin des Talks. Das Geheimnis dieser Menschen ist der R-Faktor. R für Resilienz.

Menschen, die damit gesegnet sind, nennt der Volksmund Überlebenskünstler, Stehaufmännchen, Glückskinder. Resilienz ist die Fähigkeit, sich trotz widriger Umstände immer wieder selbst aufzubauen. Diese innere Stärke ist nicht nur angeboren. Jeder kann die Widerstandskräfte seiner Seele stärken, sagen Forscher.

Der Resilienz-Faktor ruht auf sieben Säulen. Aber nicht jede ist bei jedem gleich stark gebaut. Manche Menschen sind Meister im positiven Denken, können aber keinen ihrer Pläne umzusetzen. Andere haben vielleicht gelernt, sich nicht als Opfer zu sehen, und halten noch die andere Wange hin, wenn das Schicksal seine Schläge austeilt.

Optimismus ist die erste Säule. Menschen, die die Dinge nicht so schwarz sehen, wie sie vielleicht sind, haben es im Krisenfall leichter, sich aufzurappeln. Sie wissen, dass alle Niederlagen vorübergehend sind, und sehen sie nur als punktuelle Rückschläge.

Komplizierte Situationen betrachten sie nicht als hinterfotzige Launen des Universums, sondern als Herausforderung. Und: Sie glauben daran, dass sie ihr Schicksal beeinflussen und positiv formen können. Mein Tipp: Bring dir den Optimismus wieder bei! Das Gedächtnis hilft, es speichert positive Eindrücke und Erlebnisse länger als negative.

Die zweite Säule ist die Akzeptanz. Die Augen zuzumachen, weil ein Unheil, das man nicht sieht, kein Unheil ist, funktioniert nicht. Es setzt unter Druck, nimmt Energie und Motivation. Akzeptanz ist nicht Resignation, wie viele glauben, und sie heißt nicht, wehrlos alles einzustecken. Nur: Wer sich der Krise stellt, begreift sie, und kann sich überlegen, wohin er gehen und was er verändern will.

Lösungsorientiertheit ist der dritte Pfeiler. Und sie beginnt mit einer Frage- und Antwortstunde mit sich selbst. Kennt man sein Potenzial, die Ziele und Ressourcen, zeichnet sich der Weg vor die Himmelstür schon halb ab. Lass zurück, was hinter dir liegt, und konzentrier dich auf das, was dich aus der Krise führen kann. Wie klein oder groß sie auch immer sein mag.

Als vierter Punkt das Verzeihen. Niemand ist Zielscheibe des Schicksals, aber viele vergiften sich selbst mit ihrer Ohnmacht. Der beste Freund, der einem die große Liebe wegflirtet, der vor der Nase weggeschnappte Parkplatz, die verpatzte Chance. Das Gefühl: Ich habe dieses Spiel verloren. Wer sich in den Ungerechtigkeiten der Welt suhlt wie in einem Schlammbad der Trauer, wird die Vergangenheit nie los. Kopf hoch! Mach dir klar, dass dich niemand beleidigen kann, außer du gibst ihm das Recht dazu. Christen wie Buddhisten haben eine gute Strategie: Vergebung ist der Preis für die Freiheit.

Verantwortung, die fünfte Säule, ist eng verknüpft mit dem Wechsel aus dem Rollenfach des Hascherls zum Herrscher. Bei den ewig Beleidigten wird es Zeit für Selbstkritik. Raus aus der Opferrolle. Sich nicht zuzugeben, dass man auch eine Winzigkeit zur Misere beigetragen hat, kann ganz schön kontraproduktiv sein. Wer nicht erkennt, dass er den eigenen Lebensfluss entscheidend beeinflusst und lenkt, nimmt sich die Möglichkeit, aus eigener Kraft etwas zu ändern und der Katastrophe zu entkommen. Man sollte allerdings nicht übertreiben. Die Neigung, sich ständig vor allen in den Staub zu werfen, kann genauso schädigend sein. Sich klein zu machen, schädigt auf Dauer das Immunsystem und hält einen in den widrigen Umständen gefangen.

Netzwerke sind der Eckpfeiler Nummer sechs auf dem Weg zum Experten für Krisen- und Stressbewältigung. Wenn der Rest der Welt gegen uns ist, braucht man zumindest wen, bei dem man sich ausheulen kann. Untersuchungen haben ergeben, dass Menschen mit engen Freundschaften weniger gestresst sind und sogar länger leben. Such dir Menschen, die dich nicht im Regen stehen lassen. Und zahl keinem Psychiater eine Villa, um zu lernen, wie man sagt: Ich brauch dich, bitte hilf mir! Man kann das auch ohne rote Couch lernen. Manchmal reicht schon ein Red Label und eine Cohiba, kleiner Scherz.

Siebtens die Zukunftsplanung. Resiliente Menschen basteln im tiefsten Jammertal noch an Visionen, wie sie künftig leben und arbeiten wollen. Und sie geben sich nicht mit Luftschlössern zufrieden, sie bauen auf Lösungen und rechnen potenzielle Krisen gleich mit ein. Sehr vernünftig. Ein guter Plan hilft nämlich nur dann, wenn man sich ein paar Alternativrouten überlegt. Und die richtige Marschrichtung hat: heraus aus der Krise und hinein in ein besseres Leben.

So sage ich mir das. Natürlich schafft man das nicht allein. Es braucht ein gutes Team. Leute, Kollegen, die einen mögen und nicht die Nase rümpfen, wenn man in der Früh mit gehetztem Blick und zwanzig Minuten zu spät auftaucht. Einzelkämpfer haben das Problem, dass sie nun mal auf sich allein gestellt sind.

Wer Erfolg sucht, muss vor allem eines: Teamwork beherrschen.

Sonst steht man allein im Regen. Einzelkämpfer haben weniger Vertrauen, aber mehr Arbeit. Teamplayer haben mehr Hilfe, aber weniger Verantwortung.

Das schaut folgendermaßen aus: Großraumbüro. Allein das Wort. Vorsichtig lugt er über die graue Trennwand in die benachbarte Koje. Er hört, was dort vor sich geht. Er hört, wie telefoniert wird, er hört, wie jemand isst, er hört sogar, dass da wer denkt. Denken, könnte ihm nicht passieren hier. Er kann sich schon nicht konzentrieren, wenn eine zweite Person im Zimmer atmet. Wenn der Job nicht so ekelhaft interessant gewesen wäre, hätte er ihn nie angenommen. So wie er sich fühlt, hätte er auch einen Dreijahresvertrag in einem Ameisenhaufen unterschreiben können.

Teamarbeit, hat man ihm gesagt beim Vorstellungs-
gespräch. Na ja, hatte er gedacht, ist vielleicht genau
das, was ich brauche. Sein ganzes Berufsleben hat er
als One-Man-Show Karriere gemacht. Und keine üble.
Bis er unfreiwillig ein Gespräch mitangehört hat, in
dem man ihn schrullig nannte und nicht wüsste, wo
das mit ihm enden sollte, wenn er so weitermachte.
Nämlich allein, wobei er sich für unabhängig gehal-
ten hat. Oder isoliert, was er für Luxus erachtet hat.
Und einsam, was er als einen Segen empfunden hat.
Bis er sich zugeben musste, dass auch andere einmal
recht haben könnten. Und jetzt sitzt er da zwischen
zwei begräbnisfarbenen Zwischenwänden und weiß
nicht, wie das geht: miteinander arbeiten.

Erfolg entsteht nicht, wenn man nicht an andere
denkt. Oder mit ihnen. Der Mensch braucht Menschen, um etwas auf die Beine zu stellen. Selbst
auf Gebieten, die für Einzelkämpfer prädestiniert
sind, kommt man nicht ganz ohne andere aus. In
der Kunst zum Beispiel. Man drückt sich selbst in
seinen Werken aus. Aber wenn sonst keiner etwas
damit anfangen kann, wird die Sache verdammt
künstlich. Einzelgänger oder Teamplayer. Natürlich
sind Menschen verschieden, jeder Typ hat seine Vor-
und Nachteile. Am Ende kommt es darauf an, was
man daraus macht.

Teamplayer: Ein Typ, der sich gut anpassen und auf andere einstellen kann. Er braucht die Gemeinschaft. Dabei ist wichtig, dass er sich in der Gruppe wohlfühlt, gerne Teil der Kette ist, aber sie nicht unbedingt in eine Richtung ziehen muss. Gemeinsam sind wir stark, ist sein Lebensmotto. Er übernimmt hin und wieder Verantwortung, aber nur einen Teil. Wenn er keine Entscheidung treffen kann, schließt er sich der Ansicht der Mehrheit an. Oder er richtet sich nach seinem engsten Vertrauten. Er agiert oft im Hintergrund. Ganz ohne Rampenlicht. Er arbeitet gern in eine vorgegebene Richtung. Mit einer genauen Struktur.

Einzelkämpfer: Ein Typ, der sich in einer Gruppe nicht besonders wohl fühlt. Er will seine Visionen durchsetzen, andere Menschen stören ihn nur. Er übernimmt gern Verantwortung und trifft Entscheidungen. Aber auch er berät sich vorher. Mit seinem Team im Gehirn. Er führt ein gedankliches Selbstgespräch. Engelchen und Teufelchen reden ihm ins Gewissen. Ein Querdenker, der Projekte, bei denen viele Menschen hinderlich wären, bevorzugt. Er strotzt vor Selbstbewusstsein und Durchhaltevermögen. Von seinem Weg bringt ihn niemand so leicht ab.

Viele Einzelkämpfer sind anfangs Teamplayer, wenn sie auf einem Gebiet nicht so viele Erfahrungen haben. Sie wachsen mit den Herausforderungen und dem Team.

Was einen zum Einzelkämpfer macht und wie man zum Teamplayer wird, liegt irgendwo in den Genen, zumindest teilweise. Es kommt auch darauf an, ob man die Gemeinschaft gewohnt ist. Wenn man mit Geschwistern aufwächst und die Regeln in einer Gruppe kennt, stehen die Chancen ganz gut, dass man ein Teamarbeiter wird.

War man immer auf sich gestellt, kann man durchaus darauf wetten, dass man als Einzelkämpfer durchs Leben geht. Und umgekehrt. Die Erfahrungen zeichnen den Charakter. Ist man schon im Kindergarten ein akzeptiertes Mitglied einer Clique und spinnt sein Netzwerk in der Schule weiter, wird man sich in einer Gruppe wohl fühlen. Hat man sein Leben lang keine guten Erfahrungen mit Gemeinschaften gemacht, wird man sich ungern auf andere verlassen.

Schattenseiten gibt es da wie dort. Ein Teamplayer kann mit einer Aufgabe völlig überfordert sein. Er hat es nicht so mit Verantwortung und ist deshalb leicht beeinflussbar. Wie ein Blatt im Wind. Er übernimmt dann Meinungen, die gar nicht zu ihm passen, weil er dazugehören will. Ein Einzelkämpfer glaubt dagegen oft, dass er immer alles selber machen muss. Hätte er Vertrauen zu einem Team, hätte er weniger Arbeit. Aber er fragt nicht gern um Hilfe. Außerdem besteht die Gefahr, dass er vereinsamt. Seine Mitmenschen können sich von ihm distanzieren, weil sie keine Anerkennung bekommen.

Eine Mitarbeiterin in einem Unternehmen arbeitet gern in ihrem Team. Sie ist kreativ und ein wahrer Segen für die Firma. Sie ist so gut, dass sie befördert wird. Plötzlich Chefin. Sie wird aus der Gruppe gerissen. Ist auf sich alleine gestellt. Jetzt hat sie zwei Möglichkeiten. Entweder sie sieht die neue Aufgabe als Herausforderung an oder sie zerbricht an dem Druck. Sie kann sich nicht durchsetzen, wird von der Gemeinschaft nicht akzeptiert. Dann kann es passieren, dass sich in der Gruppe ein neuer Anführer herauskristallisiert. Er richtet sich gegen die neue Vorgesetzte. Es kommt zur Meuterei.

Konflikte sind nichts Seltenes, wenn ein Einzelkämpfer plötzlich dem Gruppenzwang ausgesetzt wird. Wenn ihm eine Meinung aufgezwängt wird, bekommt er oft das Gefühl, seine Identität zu verlieren. Er geht in der Gruppe unter. Im schlimmsten

Fall wird er als Feind bekämpft. Wie ein Geschworener, der als einziger für die Unschuld des Angeklagten stimmt. Wenn der Gruppenzwang zeitlich begrenzt ist, kann er sich leichter anpassen. Aber ein Einzelkämpfer sollte immer wissen, dass er ohne sein Team nicht so weit gekommen wäre. Um sich leichter in einer Gruppe zurechtzufinden, kann er versuchen, sich selbst in Situationen zu begeben, in denen er sich unterordnen muss. Eine Art Teamwork-Training. Zum Beispiel, wenn es um die Abendgestaltung geht. Wenn alle Freunde ins Kino wollen, geht man mit. Und Punkt. Man versucht nicht, die anderen in eine Bar zu schleifen und pfeift den einen Abend einmal auf seine Meinung.

Der Mensch ist ein soziales Wesen und könnte auf Dauer gar nicht alleine sein. Bis auf ein paar Eremiten, die sich in ihre Höhlen zurückgezogen haben. Wir suchen die Kooperation und brauchen sie sogar. Dabei geht es dann vor allem um Anerkennung. Gemeinsam ist man doch meistens stärker. We connect!

Im Großraumbüro ist es warm geworden. Er lugt nicht mehr vorsichtig über die Trennwand in die benachbarte Koje, er schaut ohne Scheu hinüber. Er hat es nicht mehr nötig, sich zu verstecken. Er hört gern, wie telefoniert wird, er hört gern, wie jemand isst, er hört es sogar gern, wenn da wer denkt. Etwas, das er mittlerweile auch kann. Er konzentriert sich nicht mehr darauf, ob eine zweite Person im Zimmer atmet. Er zieht den Kopf nicht mehr ein. Der Job ist noch viel interessanter, als er gedacht hat. Er ist froh, dass er ihn angenommen hat. Er fühlt sich wohl im Ameisenhaufen.

WAS WIR UNS MERKEN KÖNNEN

→ Wenn du dir Zeit nimmst, gesund zu leben, erbringst du überall eine bessere Leistung.

→ Trotz oder gerade wegen Multitasking so weit wie möglich die ganze Aufmerksamkeit auf eine Tätigkeit richten – das ist alles, was du tun musst.

→ Setzt du dich lange genug mit deinen Ängsten und Sorgen auseinander, verlieren sie ihren Schrecken.

→ Sich über etwas aufzuregen, das man nicht ändern kann, ist sinnlos.

→ Bring dir den Optimismus wieder bei! Das Gedächtnis speichert positive Eindrücke und Erlebnisse länger als negative.

→ Wer sich der Krise stellt, begreift sie und kann sich überlegen, wohin er gehen und was er verändern will. Lass zurück, was hinter dir liegt, und konzentrier dich auf das, was dich aus der Krise führt.

→ Mach dir klar, dass dich niemand beleidigen kann, außer du gibst ihm das Recht dazu. Vergebung ist der Preis für die Freiheit.

→ Raus aus der Opferrolle. Sich nicht einzugestehen, dass man zur Misere beigetragen hat, ist kontra-produktiv. Wer nicht erkennt, dass er den Lebensfluss entscheidend lenkt, nimmt sich die Möglichkeit, aus eigener Kraft etwas zu ändern.

→ Erfolg entsteht gemeinsam. Der Mensch braucht Menschen, um etwas auf die Beine zu stellen.

Kapitel 8.

Der verborgene Motor im Ich

8. Kapitel

Der verborgene Motor im Ich

Volle Kraft voraus. Die MS Moving Forward ist auf Kurs. Jetzt gilt es, diese Richtung beizubehalten. Vorwärts. Die Sicht ist klar, der Himmel blau und der Erfolg zum Greifen nah. Keine Abweichungen, keine Irritationen, keine Stromschnellen oder sonstige Unwägbarkeiten, die einem den Tag vergällen. Raus aus der Corona-Schockstarre. Freilich, manche Fährnisse im Alltag gilt es zu umschiffen, das gehört dazu, wichtig ist nur, dann wieder den Kurs neu zu setzen und dem Weg zu folgen. Eine Zickzack-Taktik für Unternehmer und sonstige Start-up-Helden ist so hilfreich wie ein Loch im Schlauchboot. Wer lange hin- und her rudert, geht irgendwann unter.

Alles eine Frage der Willenskraft. Schon im Mittelalter war klar: Disziplin ist die Rüstung, Willenskraft der Ritter.

Vom Nike-Slogan wissen wir, was es braucht, damit Morgenstund Gold im Mund hat. Just do it. Darunter die flotte Schleife als Zeichen der Bewegung. Nike ist die Siegesgöttin in der griechischen Mythologie, Tochter der Styx und des Pallas. Simpel die Botschaft, die wir seit dem Vorwort zu Moving Forward kennen.

Tu's einfach!

Rede nicht herum, erzähl nicht, woran die Sache gerade hakt oder wo sich das eine Detail mit einem anderen spießt. Plappern, warum etwas nicht hinhaut, ist nichts anderes als der Versuch einer Rechtfertigung vor einem selbst. Ich hab's eh probiert. Aber leider. Leider ist am Ende nix draus geworden. Dabei hat alles so schön angefangen. Und dann dieser Geschäftspartner. Er wollte investieren, wirklich, er hat viermal gesagt, dass mein Projekt genau das richtige für ihn ist. Alles war fix, unter Dach und Fach. Per Handschlag. Und dann, zack. Ruft er an und sagt: Ich hab's mir anders überlegt. Er ist schuld, dass meine App jetzt auf dem elektronischen Misthaufen gelandet ist. Ich hab alles dazu getan.

Jetzt aber – Blablabla.

Tu's einfach!
Tu's genau – jetzt.

Aufstehen, aufrappeln, neu beginnen. Anderer Tag, anderes Glück. Aber durchaus die gleiche Strategie. Dafür braucht es einen eisernen Willen, den Glauben an sich selbst und eben –

Disziplin.
Der Kitt des Langzeiterfolgs.
Disziplin macht zufrieden. Ein tolles Gefühl.

Da war dieses Experiment. Ein Raum. Ein Tisch. Eine Süßigkeit. Ein Kind. Eine Aufgabe. Ein Konflikt. »Wenn du es schaffst, dieses Marshmallow während der nächsten 15 Minuten nicht zu verputzen, bekommst du zwei.«

Das Experiment an der Universität von Stanford hat gezeigt, dass sich nur eines von drei Kindern diese Viertelstunde lang beherrschen konnte. Die anderen haben das Marshmallow vor Ablauf der Zeit verputzt.

15 Jahre später hat man dieselben Kinder, die mittlerweile junge Erwachsene waren, noch einmal untersucht. Das Ergebnis: Die, die sich zurückgehalten

und Selbstbeherrschung bewiesen haben, hatten bessere Noten und mehr Freunde. Sie waren erfolgreicher und glücklicher. Was den Schluss nahe legt: Wer sich gut im Griff hat, erreicht schneller mehr und ist deshalb zufriedener mit sich und seinem Leben. Aber so klar ist das dann auch wieder nicht.

Meistens ist man mit sich und dem Marshmallow allein. Und kein Mensch sagt einem, dass man belohnt wird, wenn man der Versuchung widersteht. Das ist Aufgabe des Gewissens; irgendwie findet es nicht immer die richtigen Worte. Konzentrier dich, dafür bist du schneller mit dem Projekt fertig. Gib nicht auf, dafür wirst du erfolgreich sein. Alles schön und gut. Aber nicht gut genug. Iss das nicht, dafür bleibst du schlank, klingt halt doch lahmer, als: Iss das nicht, dann kriegst du nachher das Doppelte. Das Gewissen muss noch lernen.

Selbstdisziplin bedeutet immer auch Verzicht. Mit dem Begriff assoziiert man Zwang und Strafe. Man denkt nicht an das höhere Ziel, das man erreicht, wenn man sich beherrscht, sondern daran, dass man im Leben etwas versäumt. Und das mit Absicht. Unter gewaltiger Anstrengung. Der Grund für den schlechten Ruf der Selbstdisziplin liegt in der Kindheit.

Dir werde ich schon noch Disziplin beibringen. Selbst wenn man diesen Satz nie von seinen Lehrern gehört hat, hat man um ein paar Ecken herum doch erfahren, was damit gemeint war. Disziplin spielt in der Erziehung eine tragende Rolle. Die Eltern bringen einem bei, dass man sich manchmal beherrschen muss. Weil das im Leben nun einmal so ist. Weil man nicht immer alles haben kann. Beherrscht man sich nicht, folgt die Strafe auf dem Fuß. Und schon hat die Selbstdisziplin ihren negativen Beigeschmack. Irgendwann weiß man: Wenn ich einmal groß bin, lasse ich mir nichts mehr sagen. Und dann ist man groß und lässt sich tatsächlich nichts mehr sagen. Auch vom Gewissen nicht. Wenn es zur Beherrschung mahnt, ist das eine Bevormundung. Es ist, als wäre man wieder ein Kind. Mit dem entscheidenden Unterschied, dass man jetzt nicht mehr folgen muss. Und das tut man dann auch nicht.

Das heißt: Der Schlendrian ist ein Protestverhalten, der sich im Alltag in verschiedener Verkleidung zeigt. Man sollte sich zu einer lästigen Arbeit hinsetzen, schon muss dringend das Auto gewaschen werden. Man sollte sich zum Sport aufraffen, schon muss man unbedingt einer Freundin bei einem Konzept helfen. Auch Angst kann dafür sorgen, dass man nicht selbstdisziplinert handelt. Der Klassiker:

Man geht nicht zum Arzt, weil man befürchtet, dass man krank sein könnte.

Verlockungen zu widerstehen, ist am einfachsten, wenn man ihnen aus dem Weg geht.

Wer sich nur auf seine Willenskraft verlässt, widersteht der Versuchung oder nur schwer. Das heißt: Will man abnehmen, hat es einen Sinn, die Schokolade zu verstecken oder überhaupt nicht zu kaufen. Will man weniger trinken, sollte man den Gin nicht automatisch neben das Tonic stellen. Will man seine Schwächen nicht auf die Probe stellen, spielt das den Stärken in die Hände. Der Mensch kann sich wunderbar selbst überlisten.

Um jeder Versuchung aus dem Weg gehen zu können, dürfte man gar nicht erst geboren werden. Leckerbissen haben Kalorien. Das Leben ist oft eine große Versuchung, bei der sich ein unsichtbares Teuferl auf deine Schulter setzt und flüstert: Na, hast nicht doch Lust? Wär' doch fein, nicht? Nimm's dir einfach, los! Zur Ablenkung hilft die Methode des Negierens nicht immer. Das Teuferl ist nämlich listig und lässt nicht locker. Sprich, man muss es austricksen.

Etwas anderes tun. Etwas, das man sonst nicht machen würde. Etwas, das nicht zur Routine gehört. Etwas, das man zwar nicht ganz ungern macht, aber trotzdem hartnäckig vor sich herschiebt. Zum Beispiel eine Runde durch den Park zu joggen, das Wohnzimmer aufzuräumen, drei Kapitel eines Buches zu lesen oder die Buchhaltung der vergangenen Tage machen.

Man beginnt mit kleinen Aufgaben, steigern kann man sich immer. Schreibt man die Unternehmungen auf, ist das wie ein Vertrag mit sich selber. Um ihn nicht zu brechen, holt man sich gleich noch ein paar Zeugen dazu, denen man sagt, was man vorhat. Damit setzt man sich selbst unter Druck und macht sich das Aufgeben schwerer. Man kann sich auch ruhig mal selbst austricksen. Was immer einen daran hindert, sich aus der selbst gewählten Pflicht zu schleichen, ist erlaubt.

Die beste Motivation ist die Belohnung. Sie treibt einen zu Höchstleistungen an. Sofern sie der Sache angemessen ist. Schuftet man tagelang hart, um sich dafür ein Vollbad zu gönnen, das man sonst auch jederzeit nehmen kann, ist das zu wenig. Man muss sich schon mit einer Massage oder einem Besuch in der Therme überlisten. Das schönste Danke für selbstdiszipliniertes Verhalten kann man sich nicht kaufen. Zufriedenheit ist ein hohes Gut, aber als Belohnung nicht immer geeignet. Sie ist zu wenig greifbar, zu weit weg, zu abstrakt, und essen kann man sie auch nicht. Sie stellt sich lieber freiwillig, sobald man genügend Fortschritte in der Disziplin Selbstdisziplin gemacht hat.

Selbstkontrolle lässt sich übrigens steigern, wenn man sie wie einen Muskel trainiert. Eine Studienreihe US-amerikanischer Psychologen hat gezeigt, dass die Menschen, die mehr Selbstdisziplin hatten, die also auf etwas verzichtet haben, um ein höheres Ziel zu erreichen, zufriedener und glücklicher waren. Auf einen Nebeneffekt waren nicht einmal die Psychologen gefasst: Bei den Untersuchungen stellte sich heraus, dass selbstdisziplinierte Menschen Konfliktsituationen leichter vermeiden und Problemen damit von vornherein aus dem Weg gehen. Manchmal bekommt man also mehr, wenn man auf etwas verzichtet.

Weniger ist mehr. Und weniger bringt mehr.

Erfolg ist Reduktion.

Die Kunst des maximalen Minimierens.

Dazu gehört auch, einfach einmal Nein zu sagen. Nein ist das Wort, das die meisten Babys als erstes sagen. Als Erwachsener weiß man dann irgendwann nicht mehr, wie man es ausspricht. Sich selbst unter Kontrolle haben. Versuchungen links liegen lassen. Etwas ablehnen. Das sind Künste, die man beherrschen kann. Bevor sie einen beherrschen.

Angenommen, es naht der Sommer und man hat sich entschlossen, drei Kilo abzunehmen, weil Bikini-Figur oder Badehosen-Body das Ziel ist.

Und dann: Der Duft eines frisch herausgebackenen Wiener Schnitzels schmeichelt einem um die Nase. Man peilt den Schnellimbiss an, kann die Panier fast schmecken. Wasser läuft im Mund zusammen. Der Arbeitstag war lang. Der Kühlschrank daheim ist weit weg. Kochen ist jetzt viel zu umständlich, lästig. Und das Dilemma wäre so leicht zu lösen. Hingehen. Bestellen. Zahlen. Abbeißen. Der Bauch knurrt ein hungriges Ja. Es ist derselbe Bauch, den man eigentlich gerade lieber im Gym trainieren wollte. Und da ist sie, die innere Stimme, die sagt: Lass es, geh nach Hause, iss etwas Gesundes. Geh trainieren.

Es schadet nicht, auf die innere Stimme zu hören. Denn wer schön erfolgreich und glücklich sein will, muss sich selbst im Griff haben.

Disziplin!

Wir wissen schon: Freiheit ist, nicht jeder Versuchung nachgeben zu müssen. Man glaubt: Wer tun kann, was er will, ist glücklich. Ist aber nicht so. Kontrolle über sein Leben und sich selber zu haben ist etwas Gutes. Wahre Freiheit ist, wenn man seiner Lust *nicht* verfällt. Wenn man die Entscheidung selbst in der Hand hat. Das ist genauso wissenschaftlich fundiert. Im Gehirn kann man eine Verbindung zwischen der Empathie und der Selbststeuerung erkennen. Beides gehört zusammen.

Selbstvertrauen, Stressresistenz und soziale Kompetenz sind die Folgen von Selbstdisziplin. Wer im Moment widersteht, bekommt die Belohnung später doppelt ausbezahlt. Wie beim Marshmallow. Nicht nur, dass es dem Selbstbewusstsein gut tut, wenn man die eigene Stärke erkennt. Auch seinen Zielen und Vorhaben nähert man sich Schritt für Schritt. Die Stunde, die man morgens früher aufsteht, führt zu einem höheren Arbeitspensum. Der Erfolg spornt zu Höchstleitungen an. Und auf dem Weg nach oben lernt man, wie man Versuchungen aus dem Weg geht. Indem man sich das unsichtbare Teuferl im Handumdrehen von der Schulter putzt.

Selbstdisziplin kann man sogar anlocken. Das klappt mit der wohl überlegten Dosierung. In der Früh, zu Mittag und am Abend ein Löffelchen Selbstdisziplin, schön brav einnehmen, eins für die Mama, eines für den Papa und eines für die Zukunft auf dem Konto.

Das sollte für den Alltag reichen. Dreimal am Tag ruft man sich in Erinnerung, warum man ins Office geht, den Salat dem Schnitzel vorzieht und den Abend auf dem Laufband statt vor dem Fernseher verbringt. Oder wenn man bei John Harris Fitness auf dem gut platzierten Crosstrainer trainiert (kleiner Scherz).

Die Wirkung der Arznei namens Selbstdisziplin lässt schnell nach, wenn man sie nicht regelmäßig einnimmt. Oder noch nicht genug Abwehrkräfte entwickelt hat. Dann denkt man, man hätte sich die Fertignudeln wirklich verdient. Dass es nicht so schlimm sei, wenn man ein paar Abende auf dem Sofa liegt. Dass es keinen Unterschied mache, ob man die Präsentation für morgen vorbereitet oder besser gleich so ganz spontan anlegt. Dass es nicht gleich der Karriere schade, wenn man einmal länger schläft. Nein, vielleicht nicht. Aber die Versuchung ist tückisch. Gibt man ihr einmal nach, wird man es vermutlich ein zweites Mal tun. Weil es sich im Moment so gut anfühlt. Aber am nächsten Tag meldet sich das schlechte Gewissen. Und dann findet man entweder wieder zu seinem Ziel oder bleibt sitzen. Jetzt ist es auch schon egal, denkt man. Also isst man den zweiten Schokoriegel. Der Moment beginnt Herr über das Leben zu werden. Der Moment der Verführung. In dem man anfängt, sich seinen Schwächen hinzugeben. Den Verlockungen nachzugeben. Das Teuferl auf der Schulter lacht. Es hat gewonnen.

Um den Willen wiederzubekommen, braucht es eine neue Dosis. Das Ziel muss wieder in den Fokus rücken. Bis es sich rundum manifestiert hat. Dann wird man für die Selbstdisziplin belohnt. Mit einem guten Gefühl, das daher kommt, alles richtig gemacht zu haben. Und vor allem: Etwas für sich selbst getan zu haben.

Die Selbstdisziplin ist bei Misserfolgen, fehlender Motivation, geringem Selbstvertrauen und bei negativer Einstellung besonders wichtig. Dabei immer die empfohlene Dosierung einhalten. Durchhalten. Und konsequent an sich arbeiten. Es wird viele

Situationen geben, in denen man der Versuchung nur zu gerne nachgeben würde. Wenn es im Büro nach Mehlspeise duftet oder nach Verrat. Wenn an dem Abend, an dem man sonst immer ins Fitnessstudio geht, das Fußballfinale stattfindet. Oder wenn der Kollege einen zur Weißglut treibt.

Um die Kontrolle nicht zu verlieren, muss man die Ziele, die man sich gesteckt hat, wirklich erreichen wollen. Sie sollten einem das Leben versüßen. Sonst bringt die ganze Disziplin nichts.

Bei weit entfernten Zielen sind Zwischenbelohnungen wichtig. Man setzt immer wieder kleine Impulse, die einen dazu motivieren, weiterzumachen. Das sind kurze Durchschnaufpausen auf dem langen Weg. Sie sind nicht nur erlaubt, sie sind nötig. Und um auf dem Weg die Orientierung nicht zu verlieren, führt man sich das Ziel immer wieder vor Augen.

Am wichtigsten bei der Sache ist das, was am einfachsten klingt. Man muss sie haben wollen, die Selbstdisziplin. Man muss sich für sie entscheiden. Von ganzem Herzen und mit klarem Verstand. Ich höre auf zu rauchen. Punkt. Ist diese Entscheidung gefällt, ist es, als hätte man ihr eine schriftliche Einladung geschickt. Und sie wird kommen.

Sogar Aristoteles hat das schon gewusst: »Was in unserer Macht liegt zu tun, liegt in unserer Macht nicht zu tun.«

Genau. Und jetzt bestellen wir uns noch einen Gin Tonic, okay?

Kleiner Scherz.

Wirklich.

Natürlich gehört auch der Spaß dazu. Wer sich nie Spaß gönnt, verliert die Freude am Tun, letztlich an allem, das Leben verblasst.

Der verborgene Motor im Ich braucht Treibstoff, und dieses Gemisch setzt sich zusammen aus Disziplin, Freude, Organisationstalent und gesundem Selbstbewusstsein.

Was das Organisationstalent betrifft: Jeder Chaot weiß – Organisieren ist eine Kunst für sich. Menschen, die sie beherrschen, sind Alltagsmanager. Auf alles vorbereitet und nie gestresst. Sie haben alles im Griff und trotzdem die Hände für Unerwartetes frei. Organisation ist ein Talent, das jeder gern hätte. Es beginnt damit, dass man genau weiß, was man will.

»Ordnung braucht nur der Dumme, das Genie beherrscht das Chaos«, hat Albert Einstein einmal gemeint. Sagt sich leicht, wenn man ein Genie ist. Würde Einstein heute leben, gäbe es das Zitat nicht. Dann hätte er nämlich vielleicht gar keine Zeit dazu. Beruf, Familie, Wissenschaft und Vergnügen unter den Hut zu bringen, dazwischen die alles wissende Alexa bei Laune zu halten – da hinge jedem die Zunge heraus.

Die Gleichung ist so einfach wie ekelhaft. Zu großer Druck von außen plus zu viele Termine plus zu viele Verpflichtungen plus zu viele Überraschungen plus zu viele Krisen ist gleich zu wenig Zeit.

Man muss müssen, wie die anderen wollen. Selbst wenn man einmal eine freie Minute hat, kommt man nicht zur Ruhe. Man darf nicht, wenn man glaubt, man soll noch. Man fühlt sich schwach und ausgelaugt und ist anfällig für Burnout oder Depression. Man darf erst nachlassen, wenn man nicht mehr kann.

Organisationstalente haben den Zerstreuten, Vergesslichen und Schusseligen dieser Welt eines voraus: Sie wissen, was sie vom Leben wollen. Der eine ist glücklich, wenn er stundenlang im Büro sitzt. Die andere widmet sich lieber der Familie. Einige wollen beides. Bevor man sich Gedanken zur besseren Organisation des Alltags macht, fragt man nach den eigenen Zielen und Wünschen. Was man unbedingt erreichen will. Wie man seine Zeit verbringen möchte. In welchen Bereichen man sich Fehler gestattet. Was einem ziemlich egal ist.

Ich mache mir für solche Dinge gerne elektronische Listen, die ich in der Cloud abspeichere oder auf eine sonstige Wolke des Wissens bette. Oder ich schreibe mir einfach selbst eine E-Mail und habe es damit als Erinnerung im Posteingang.

Im Großen und Ganzen ist die Antwort immer die gleiche. Man kommt drauf, dass man viel mehr tut, als man muss. Der Unterschied liegt in den Details. Dass man nicht achthundert Mal täglich nachschauen braucht, ob E-Mails eingetrudelt sind oder ob das Handy noch lebt.

Die Erkenntnis ist gut, aber noch nicht alles. Es sind die kleinen Änderungen, die aus dem Chaos herausführen. Man schaltet Handy und Computer auch einmal ab und organisiert eine Fahrgemeinschaft. Und schon hat man mehr Zeit für andere Dinge. Für die Ziele, die man auf jeden Fall erreichen möchte. Und denen hängt man am besten gleich ein Datum um. Eingetragen im iCal. Wie elektronisch versprochen. Vielleicht möchte man in einem Jahr einen Sprung auf der Karriereleiter machen. Oder in sechs Monaten einen Marathon laufen. Große Aufgaben zerlegt man in kleine Schritte. Dadurch hat man auf dem Weg zum Ziel immer wieder kleine Erfolgserlebnisse und bleibt motiviert.

Wer die nahe Zukunft plant, weiß genauer, was im Idealfall kommt. Ich liebe das. Ich trage mir jeden Termin ein, und wenn er noch so klein ist. Zwischenziele. Ein Auftrag von mir vor ein paar Tagen. Danke, werde mich dran halten.

Unwichtig sind Angelegenheiten dann, wenn man sie als solche erkennt. Und man erkennt sie, wenn man sie aufschreibt, denn erst dann kann man sie abschreiben. Dazu erstellt man morgens eine Liste mit allen Dingen, die man erledigen muss und will und sortiert die aus, die man nicht erledigen will oder muss. Dann arbeitet man eins nach dem anderen ab, der Rest kann warten. Wer keine Listen mag, pflastert seine täglichen Wege mit Post-its. Wobei ganz Unentschlossene gewarnt werden sollten. Für sie sind Listen besser als Post-its, die man nämlich immer wieder neu ordnen kann, falls man zwischendurch draufkommt, dass eine Aufgabe doch wichtiger ist als eine andere.

Wer mehr Zeit einplant, hat weniger zu verlieren. Eine großzügige Planung hält den Zeitdruck im Zaum und hat den Vorteil, dass man früher fertig ist, als gedacht. Ein überaus freundlicher Gedanke. Mit ihm hat man immer das Gefühl, besser zu sein, als man angenommen hat. Und man hat sich Zeit geschenkt. Mehr Zeit für Pausen, obwohl man sich die schon dick und rot in den mobilen Tagesplan geschrieben hat. Pausen sind die Tankstellen im Alltag. Körper und Geist müssen sich zwischendurch erholen dürfen, sonst funktionieren sie irgendwann nicht mehr. Je mehr freie Zeit man hat, desto flexibler kann man auf Unvorhergesehenes reagieren.

Jeder Mensch hat seinen eigenen Uhrzeigersinn. Manche laufen in der Früh auf Hochtouren. Andere kommen erst abends in die Gänge. Hat man das Greenwich für seine innere Uhr gefunden, kann man seine Aufgaben danach einteilen. Komplexe Arbeiten erledigt man, wenn die Leistungskurve nach oben zeigt. Ist sie an ihrem Tiefpunkt, macht man entweder Pausen oder beschäftigt sich mit der Routine. Für die meisten Menschen sind das die

Mittagsstunden, weil dann die Konzentration allgemein nachlässt.

Tun, was man will. Vier einfache Worte, hinter denen eine ganze Welt lauert. Sofern man es zulässt. Viele haben in der Kindheit eingetrichtert bekommen, dass das verboten ist. Tun, was man will. Viele gestehen sich das aus Prinzip nicht zu. Tun, was man will. Viele trauen es sich aus schlechtem Gewissen nicht. Tun, was man will. Wiederholt man sie öfter, diese vier einfachen Worte, hört man erst ihre ganze Bedeutung heraus. Tun, was man will. Mit ein bisschen mehr Organisation hat man ein bisschen mehr Zeit, ein bisschen mehr von dem zu tun, was man mehr als ein bisschen will.

Natürlich verplempert man viel Zeit mit Tätigkeiten, auf die man verzichten könnte. Die Digitalisierung erleichtert uns nicht nur das Leben, sie spornt uns an, immer mehr immer schneller zu machen.

Ob man jetzt neun E-Mails schreibt, statt etwas in zwei Minuten am Telefon zu klären. Ob man gedankenlos im Internet surft, statt die Beine hochzulegen. Ob man was auf Netflix schaut, obwohl man es gar nicht sehen will, statt ein gutes Buch zu lesen, auf das man sich gefreut hat. Oder ob man sich aus

Höflichkeit von jemandem aufhalten lässt, der einem schon wieder dasselbe erzählt, statt sich ebenso höflich zu verabschieden. Zeitmanagement funktioniert nicht ohne das Wörtchen Nein. Organisationstalente bringen es charmant über die Lippen. Sie lassen sich von Zeitfressern nicht aufhalten, sie machen sie ausfindig und beseitigen sie. Zeitersparnis pro Tag: erstaunliche zwei Stunden.

Niemand ist perfekt. Je mehr Pensum man täglich vor sich hat, desto langsamer sollte man es abarbeiten. Schnelligkeit trägt nur die Tarnkappe der Effizienz, in Wahrheit ist sie die Fehlerquelle par excellence. Ansonsten hält man es am besten mit Bertolt Brecht: »Ich rate, lieber mehr zu können, als man macht, als mehr zu machen, als man kann.«

Und genau hier kommen wir zum gesunden Selbstbewusstsein. Das Wort Egoismus hat zu Recht keinen guten Klang in der Gesellschaft. Ganz im Gegensatz zu Menschen, die sich Wünsche erfüllen, Ziele erreichen und Erfolg haben. Die sind gut angeschrieben in der Gesellschaft. Aber man braucht schon Selbstbewusstsein, um dorthin zu kommen. Man benötigt einen Wegweiser auf der Gratwanderung zwischen Ellbogentechnik und Antriebsschwäche.

Der Unterschied liegt nur oft in der Intensität, in der Menschen ihre Eigenschaften ausleben. Und so wird es in der Psychologie auch definiert. Egoismus ist die Bezeichnung für Einstellungen und Verhaltensweisen, bei denen das eigene Ich gegenüber den Interessen anderer Menschen bevorzugt wird. Es gibt schon einen krankhaften oder übertriebenen Egoismus, im Gegensatz zum gesunden und natürlichen Selbstbewusstsein.

Zum Beispiel der Erfolgs-Egoist: Er würde seiner Konkurrenz auf dem Weg an die Spitze der Karriereleiter niemals den Vortritt lassen. Er schmeichelt dem Chef, redet schlecht über Kollegen und verfolgt nur die eigenen Interessen. Hilfe darf man von ihm keine erwarten. Jede Minute, die er nicht mit sich und seiner Arbeit verbringt, ist verlorene Zeit. Er zeigt keine Gefühle, weil er sich damit verletzbar machen würde. Die Meinungen anderer sind ihm egal. Kritik und Spott ignoriert er. Niemand kann ihn verunsichern. Er hört nur auf die innere Stimme, die ihm zuflüstert: Tu es, tu es für dich! Und er kommt nicht schlecht durch damit. Aber à la longue rächt es sich meistens sehr wohl.

Das gesunde Selbstbewusstsein: Es ist nicht falsch, wenn man an sich selbst glaubt. Und sich selbst verwirklichen will, aber nicht auf Kosten anderer. Es ist notwendig, für das Leben zu kämpfen, das man führen möchte. Andernfalls tut man bloß noch, was andere von einem verlangen, vergisst dabei seine Interessen und Bedürfnisse und verliert sich in der selbst auferlegten Fernsteuerung. Man wird zu einer Marionette.

Altruismus ist das Gegenteil von Egoismus. Ein schöner Zug an einem Menschen, aber Vorsicht, es kann dazu führen, dass man ausgenutzt wird. Denn erst, wenn man mit sich zufrieden ist, sich durchgesetzt und etwas erreicht hat, kann man sich voll und ganz den Wünschen anderer widmen. Gesund ist das Selbstbewusstsein, wenn man auf dem Weg zur Selbstverwirklichung andere Menschen nicht ausnutzt oder verletzt. Dann hat man sich nichts vorzuwerfen und lebt mit sich und den anderen in Harmonie.

Wie simpel sich das liest und wie schwierig das in der Praxis ist. Denn die Grenzen zwischen Egoismus und Selbstlosigkeit verschwimmen. Forscher haben beobachtet, dass ausgerechnet karrierefixierte Menschen in ihrer Freizeit sehr viel für andere tun und so der Gesellschaft etwas von ihrem Erfolg abgeben.

Egoismus hat also viele Seiten. Im Grunde denkt jeder auch bei der selbstlosesten Handlung ganz automatisch an seinen Vorteil. Da kann man gar nichts dagegen tun. Man muss nur aufpassen, dass man nicht in die Ellbogenmentalität verfällt. Und wenn doch, wie man sie wieder ablegt.

> *Die goldene Regel.* So bezeichnet man seit dem 17. Jahrhundert einen Grundsatz der praktischen Ethik. Behandle andere (nicht) so, wie du (nicht) von ihnen behandelt werden willst. Mit ein bisschen Einfühlungsvermögen kann man sich in andere Menschen hineinversetzen und so ihre Bedürfnisse verstehen. Das hilft, um die moralisch richtigen Handlungen zu setzen. Und damit tut man sich auch selbst etwas Gutes. Wie man in den Wald hineinruft, so kommt es auch wieder heraus.

> *Streitkultur.* Man soll nicht allen Konfrontationen aus dem Weg gehen, sondern sich auf Kompromisse einlassen. Das ist nicht immer einfach. Man versucht am besten zuerst, wenigstens einen kleinen Schritt auf jemanden zuzugehen. Und wird erstaunt sein, wie zufrieden der schon ist. Wenn man merkt, dass jeder gewonnen hat, kann der Schritt beim nächsten Mal größer sein.

> *Akzeptanz.* Ein Egoist ist gewöhnt, nur mit den Fingern schnippen zu müssen, damit andere springen. Bittet man aber jemanden um einen Gefallen, muss man auch mit einem Nein rechnen und es hinnehmen können. Besser ist es, andere zu überreden oder an ihr Gewissen zu appellieren.

> *Eine eigene Meinung* zu haben und sie zu vertreten, ist eine positive Eigenschaft. Verschließt man sich anderen gegenüber, ist man wieder egoistisch. Man kann viel von Menschen lernen, wenn man ihnen zuhört. Nur nicht beleidigt sein, wenn einer ehrlich ist oder seine Ideen besser sind.

> *Selbstbewusstsein* ist wie gesagt unverzichtbar. Wer an sich und seine Fähigkeiten glaubt und überlegt handelt, muss niemanden schlecht machen oder ausnutzen, um sein Ziel zu erreichen. Nur wer mit sich zufrieden ist, kann sich um andere kümmern. Und das sollte man dann auch tun.

Jeder Mensch nimmt sich selbst anders wahr, als es die Mitmenschen tun. Deshalb vergleicht man sich ständig und ist nie so gut, wie man sein könnte.

Es gibt keine zweite Chance für einen ersten Eindruck, sagt ein Sprichwort. Körperhaltung, Handstellung, Kopfbewegungen, Wippen, Zappeln. Wortwahl. Botschaft. Tonfall.

Kein Mensch ist perfekt. Ziel ist es, in allen Belangen, besser und professioneller rüberzukommen. Tatsache ist, dass man sich anders sieht, als es die Mitmenschen tun.

Johari-Fenster nennen Sozialforscher dieses Phänomen, diesen blinden Fleck, dieses Fenster zwischen Selbst- und Fremdwahrnehmung. Gemeint ist, dass man Signale abgibt, von denen man selber gar keine Ahnung hat, die die Umwelt aber ziemlich genau checkt.

Der erste Schritt zur Besserung ist, sich seiner selbst bewusst zu werden. Der zweite ist zu wissen, wie jeder Satz, jede Bewegung auf das Gegenüber wirkt, zu wissen, was man sagt, was man macht und was man lieber bleiben lässt. Und wie man Stimme, Mimik und Gestik ganz bewusst einsetzt und den ersten Eindruck nicht dem Zufall überlässt. Nimmt man sich durch einen falschen ersten Eindruck Kompetenzpunkte weg, kann es mühsam sein, sich aus der falschen Schublade heraus wieder hinaufzuarbeiten.

Selbst-Optimierung ist nicht zu verwechseln mit Verstellung. Nur wenn man authentisch bleibt, ist man langfristig erfolgreich. Ziel ist es, Schwächen abzubauen, Stärken zu finden und auszubauen.

Ist der Händedruck zu fest oder zu lasch? Geht man steif wie ein Regenrohr oder hängt man lasch wie ein welker Gummibaum im Sessel? Körperhaltung und Grundspannung sagen mehr über einen aus, als einem lieb sein kann. Nestelt man nervös am Sakko herum oder räuspert man sich vor jedem Satz, wirkt das ziemlich unsicher. Mit der Aufnahme durch eine Kamera oder durchs Smartphone wird das eigene Verhalten erst für einen selbst sichtbar. Damit hat man einen neutralen Verbündeten. Kameras lügen nicht.

Um sich von anderen abzuheben, gibt es zwei Methoden. Plan AAAA: Anders Als Alle Anderen. Oder BAAA: Besser Als Alle Anderen.

Um die Nuancen zu bemerken, mit denen man anderen in Erinnerung bleibt, gilt es Schlüsselsätze zu finden, die Identität und Aussage verstärken und unterstützen. Oft sind es nur Kleinigkeiten, die man besonders verpackt und betont, persönliche Vorlieben und Leidenschaften, die man preisgibt, damit sich der andere ein Bild von einem machen kann.

Kommunikationsprofis wissen, dass man sich zum Erfolg reden kann. Man kann jeden Sachverhalt entweder magisch oder tragisch formulieren. Lässt man sich seinem Team gegenüber lange und breit über Krisen, Probleme und Schwierigkeiten aus, demotiviert man die Leute. Und sich selbst. Verwendet man aber statt Jammerphrasen Worte wie *Herausforderung* und *Aufgabe*, hat man schon halb gewonnen.

Noch erfolgreicher ist man, wenn man zu den richtigen Worten auch einen professionellen Tonfall findet. Besteht das Interessanteste einer Rede aus „ääähm" und „mhmmja", kommt das nicht gut. Man sollte lernen, mit den tieferen Lagen seiner eigenen Stimme vertraut zu werden. Auch ein gemäßigtes Tempo und ein ruhiger, klarer Tonfall tragen dazu bei, seine Botschaft möglichst effizient an den Businessmann zu bringen.

Jeder Mensch ist anders und soll aus seiner Individualität heraus strahlen.

WAS WIR UNS MERKEN KÖNNEN

→ Wer sich gut im Griff hat, erreicht schneller mehr und ist zufriedener mit sich und seinem Leben.

→ Verlockungen zu widerstehen, ist am einfachsten, wenn man ihnen aus dem Weg geht.

→ Erfolg ist Reduktion. Die Kunst des maximalen Minimierens. Dazu gehört auch, Nein zu sagen.

→ Selbstdisziplin ist bei Misserfolgen, fehlender Motivation, geringem Selbstvertrauen und bei negativer Einstellung besonders wichtig. Dabei immer die empfohlene Dosierung einhalten. Durchhalten.

→ Wer sich nie Spaß gönnt, verliert die Freude am Tun.

→ Organisation beginnt damit, dass man genau weiß, was man will.

→ Große Aufgaben zerlegt man in kleine Schritte. Dadurch hat man auf dem Weg zum Ziel immer wieder kleine Erfolgserlebnisse und bleibt motiviert.

→ Wer die nahe Zukunft plant, weiß genauer, was im Idealfall kommt.

→ Unwichtig sind Angelegenheiten dann, wenn man sie als solche erkennt. Und man erkennt sie, wenn man sie aufschreibt.

→ Pausen sind die Tankstellen im Alltag. Körper und Geist müssen sich zwischendurch erholen dürfen, sonst funktionieren sie irgendwann nicht mehr. Je mehr freie Zeit man hat, desto flexibler kann man auf Unvorhergesehenes reagieren.

→ Je mehr Pensum man täglich vor sich hat, desto langsamer sollte man es abarbeiten. Schnelligkeit trägt nur die Tarnkappe der Effizienz, in Wahrheit ist sie eine Fehlerquelle.

→ Gesund ist das Selbstbewusstsein, wenn man auf dem Weg zur Selbstverwirklichung andere Menschen nicht ausnutzt oder verletzt. Dann hat man sich nichts vorzuwerfen und lebt mit sich und den anderen in Harmonie.

9. Kapitel

Die Diplomatie des Augenblicks

Viele meinen, ohne Diplomatie regiere die Respektlosigkeit. Andere ätzen »Diplomatie ist die vornehmste Lüge.« Irgendwo dazwischen sollte man sich treffen. Um Brücken zu bauen, statt Gräben zu ziehen. Dem Verschlossenen gegenüber offen sein. Gemeinsam zum Ziel finden. Ich persönlich versuche natürlich auch ein Botschafter des respektvollen Umgangs zu sein, und es ist wichtig, alles über die Etikette zu wissen.

Der Diplomat, eine tierische Charakterstudie: Clever wie der Fuchs. Klug wie die Eule. Geschickt wie die Katze. Vorausdenkend wie das Eichhörnchen. Gesellig wie der Affe. Ein Mensch, der mit Feingefühl seine Ziele erreicht. Ohne dabei groß aufzufallen. Er weiß, wie man mit anderen Leuten umgeht. Er hat überall Kontakte. Einen offenen Umgang mit seinen Kollegen. Wenn es hart auf hart kommt, bleibt er ruhig und überlegt. Beeindruckt mit kreativen Lösungen. Der Diplomat. Er ist der Mensch von morgen. Und er steckt in jedem von uns. Wir müssen uns nur mit ihm bekanntmachen. Servus, Bonjour, Monsieur.

Die Menschen fangen an umzudenken. Das Prinzip, alle gegen einen, einer gegen alle, bricht langsam auf. Die kurzfristig Denkenden, die nur auf schnellen Erfolg aus sind, ohne Rücksicht auf andere zu nehmen, sterben aus. Es geht um ein dauerhaftes Miteinander, in dem jeder seinen Platz finden kann. Der Weg führt weg von Konkurrenzdenken, Verdrängungswettbewerb und Gewinnmaximierung. Wenn man sich gegenseitig nichts gönnt, kann nichts entstehen.

In der Geschäftswelt geht der Trend vom passiven zum aktiven Mitarbeiter über. Es geht nicht mehr um ein teilnahmsloses Abarbeiten von Aufgaben. Das erledigt die Technik. Vielleicht der Algorithmus. Dafür braucht man kein menschliches Hirn. Es geht darum, dass jeder Einzelne zum Teil des Unternehmens wird, wie wir das schon von Peter Thiel her kennen, und auch danach handelt. Man nennt es das unternehmerische Selbst.

Erfolg generiert sich, wenn wir mit Freude an die Arbeit herangehen. Wenn wir einen Sinn in unserem

Tun sehen. Unter solchen Umständen laufen Menschen zu Höchstleistungen auf. Was zu einer Win-Win-Situation für Mitarbeiter und Unternehmen führt. Ohne diplomatisches Handeln wird das allerdings nichts werden.

Der richtige Umgang mit Menschen ist sehr wichtig. Er ist der Schlüssel zum Erfolg. Ungeachtet vom Standpunkt, jedem das Gefühl zu geben, ganz bei ihm zu sein.

Bill und Hillary Clinton sind solche Menschen. Ich kann mich noch gut an die Zusammenarbeit im Wahlkampf erinnern. Beide Male durfte ich dabei sein, 2007/2008 beim ersten Antritt und 2015/2016 bis zum Grande Finale der Presidential Election mit ihrem bekannten Ausgang. Campaigning im Vorwahlkampf in Boston und New Hampshire, Events, Wahlkampfauftritte etc., eine hoch spannende Zeit. Vor allem Bill galt als genial im persönlichen Gespräch, aber Hillary konnte es ebenso, auch wenn es ihr manche absprechen wollten. Jeder einzelnen Person schenkten sie, die Clintons, für einen kurzen Moment ihre ganze Aufmerksamkeit. Spürbar. Beim Händedruck fühlte man sich, als sei man gerade der wichtigste Mensch im Raum. Damit zollten sie jedem die Anerkennung, die so wichtig ist beim Aufbau zwischenmenschlicher Beziehungen. Es ist die Säule, auf der alles ruht: sich auf eine Person einzulassen und offen auf sie zuzukommen. Im nächsten Schritt geht es darum, einen Menschen hinter seiner Rolle zu erkennen. Ihn nicht mehr nur als Arbeitskollegen oder Nachbarn zu sehen.

Hinter jedem steckt eine Geschichte. Hinter jedem Menschen stecken Gefühle, Einstellungen und Interessen. Sie zu erkennen, macht das Zusammenleben leichter. Man kann besser auf den Menschen eingehen, verstehen was hinter seinem Denken und seinem Tun steht. Das ist weniger eine Frage der Zeit als eine der Grundhaltung. Es geht um eine prinzipielle Offenheit den Mitmenschen gegenüber. Keine vorschnellen Bewertungen fällen. Wertschätzung ist das Zauberwort. Das beugt Konflikten vor. Lässt schneller Lösungen finden, die für alle Seiten passen. Damit baut man lang anhaltende und stabile Beziehungen auf. Bevor man andere erkennen kann, muss man sich selbst erkennen. Sich selbst zu hinterfragen, herauszufinden, warum man etwas tut oder denkt, ist der erste Schritt zu einem friedlichen Miteinander. Oft legt man seine eigenen Denkmuster auf andere um. Menschen mit Feindbildern sind überzeugt, die Welt ist entweder blau oder grün. Dabei merken sie nicht, dass sie selbst eine getönte Brille tragen. Man verschleiert eine Person mit den eigenen Einstellungen. Das kann nicht gutgehen. Die anderen fühlen sich nicht verstanden. Wer das erkennt, reißt eine hohe Mauer zwischen sich und seinen Mitmenschen ein. Der Weg ist frei. Für Verständnis und Empathie, um seine Umgebung zu erfassen. Sie zu erkennen.

Selbstreflexion ist der Schlüssel für Bewusstsein.

Schritt für Schritt kristallisieren sich die eigenen Ziele und Bedürfnisse heraus. Man kommt dahinter, was man selber will, und was die anderen wollen. Wenn wir dafür offen sind, liegt es frei vor uns. Das Prinzip gilt für den Streit mit dem Nachbarn. Den Zwist mit dem Kollegen. Dem Zank in der Familie. Die Methode ist simpel. Man schaut sich die Sache einfach einmal mit anderen Augen an. Nicht nur mit den eigenen. Man hinterfragt. Nicht nur mit den Fragen, auf die man schon die Antwort zu wissen meint. Man benennt beide Seiten. Und redet darüber. Legt die Tatsachen auf den Tisch. Verständnis muss für beide Seiten da sein. Und dann: diplomatisch sein – mit sich und den anderen. Dem Gegenüber das Gesicht wahren lassen. Der Ton macht die Musik. Beethoven oder Rammstein. Melodiöses oder kratzige Zwölftonklänge.

Im Wandel der Zeit wurde die Welt zum globalen Dorf. Alles hängt zusammen, alles ist vernetzt. Durch die Globalisierung sind Verknüpfungen immer besser sichtbar. Sachverhalte sind isolierter zu betrachten. Man muss sich fragen, worum es geht. Was der große Zusammenhang ist. Und was dahinter steckt. Der Trick des Diplomaten liegt in der Betrachtung der Dinge. Er lässt den Blick aus unterschiedlichen Blickwinkeln und unterschiedlichen Höhen schweifen. Um so ein Gesamtbild zu kreieren.

Es gilt, uns als Teil des Großen zu erkennen. Unsere eigentliche Natur liegt in der Verbundenheit, nicht im Kampf, Streit und der Gegensätzlichkeit. Das Ziel ist ein friedlicher und konstruktiver Umgang mit sich, seinen Mitmenschen und der Natur. Das ist das Geheimnis hinter der Kunst der Diplomatie.

Hier zehn Tipps, die man sich mit Leuchtstift ins Stammbuch der Freundlichkeit notieren kann:

1. Den Menschen als Ganzes sehen, nicht nur in seiner Rolle.

2. Langwährende Beziehungen aufbauen.

3. Über den Tellerrand schauen, um das große Ganze zu sehen.

4. Es gibt für alles eine Lösung.

5. Konflikte mit Empathie und Verständnis lösen.

6. Dinge klar benennen. Ziele offen aussprechen.

7. Persönliche Kommunikation: miteinander sprechen.

8. Den Feind zum Freund machen.

9. Teamarbeit heißt, das Wir über das Ich stellen.

10. Den Sinn hinter seinem Tun finden.

Das mag buddhistisch klingen, darum geht es aber nicht. Eher friedlich direkt. Gesamtheitlich. Holistisch. Nelson Mandela hat einmal gesagt: »Wenn du deinen größten Triumph feierst, lass die größte Güte walten. Demütige deinen Gegner unter keinen Umständen. Erlaube ihm, sein Gesicht zu wahren. Erst dann hast du deinen Feind zu deinem Freund gemacht.«

Sie hatten Mandela ins Verlies gesteckt, aber er war stärker, reinen Herzens stärker.

Unter uns: Sie müssen dich und mich nicht für den Friedensnobelpreis nominieren. Es reicht schon, wenn jemand sagt: Du hast dich in der heiklen Sache wirklich diplomatisch verhalten, Respekt.

Wir sehen: Diplomatie erzeugt Anerkennung und Respekt.

Ganz im Gegensatz zur Improvisation, die hat einen schlechten Ruf bekommen. Improvisation schmeckt nach Dilettantismus, gilt als unprofessionell. Ein Pfusch am Bau des Lebens. Dabei ist Improvisation eine Kunst, die einem Türen öffnet, die man vorher nicht einmal gesehen hat. In Kombination mit der Diplomatie ist sie der Turbolader für den Erfolg. Moving Forward, der Weg nach vorne, hat immer mit Improvisation zu tun. Das Ungewisse kommt, und du musst drauf reagieren. Bestmöglich.

Wir planen gerne. Ich plane gerne. Also die meisten von uns planen gerne. Zumindest viele von uns. Wir planen, warum und wo wir uns mit Freunden treffen, wann und wie wir einen Abend mit dem Partner verbringen, wie wir Geburtstag feiern und woher wir was für die Präsentation vor einem wichtigen Kunden organisieren. Wir planen Urlaub, Karriere, manche planen aktiv die Familiengründung, Anzahl der Kinder und was sie in der Pension tun werden. Wir planen, gesünder zu leben, fitter zu werden und uns zu ändern. Wir planen, wo wir in fünf, in zehn, in fünfzehn Jahren sein wollen.

Wir planen unsere Zukunft. Malen sie uns aus. Überlegen, wie wir Ziele erreichen können. Machen Notizen. Diagramme. Tabellen. Führen To-do-Listen, mit Terminen vollgepfropft Kalender und schreiben Blogs und Tagebücher. Wir tragen alles ein, in den iCal, wohin auch immer. Bis dann irgendwas passiert. Das Unerwartete. Die Überraschung. Das Nicht-Geplante. Es kommt aus dem Nichts, macht uns einen Strich durch die Zukunftsvisionen und leitet uns auf Pfade, die wir eigentlich nicht einschlagen wollten. Was jetzt?

Am besten, man fragt einfach die Planlosen. Sie leben in den Tag und aus dem Bauch. Sie stellen sich auf Situationen ein, wenn sie da sind. Sie sind flexibel, für alles offen und frei. So zumindest sehen sie sich selbst. Für die anderen, die glauben, die Kontrolle über ihr Leben in der Hand zu haben, klingt das wie eine Kneippkur fürs Leben. Immer zwischen kalt und warm, ständig zwischen allen Möglichkeiten. Tja. Was jetzt? Am besten, man sucht die goldene Mitte.

Den Limes zwischen Kontrollfreak und Kontrollverlust.

Wie schon John Lennon in *Beautiful Boy (Darling Boy)* gesungen hat: »Life is what happens to you while you're busy making other plans.«

Klingt wieder orakelhaft, nicht? Das Leben ist das, was dir passiert, während du eifrig dabei bist, andere Pläne zu machen. Bei einem Bed-In mit Yoko Ono mag das vielleicht Sinn machen. Aber was heißt das für unsere Realität? Lass alles sein? Nein.

Jetzt kann man natürlich versuchen, ein bisschen planloser zu werden. Ganz bewusst im Moment, im Hier und Jetzt zu leben. Alles auf sich zukommen zu lassen und gar nicht erst über die Zukunft nachzudenken. Damit verhindert man, dass irgendetwas nicht so kommt, wie man sich das vorgestellt hat. Logisch, man hat sich ja gar nichts vorgestellt. Aber das ist unmöglich. Denn jeder Mensch macht sich Gedanken darüber, wie es weitergeht. Jeder hat eine Wunschvorstellung in seinem Kopf. Und jeder lenkt sein Leben, manchmal vielleicht auch unbewusst, in die für ihn richtige Richtung. Überraschungen sind eigenständig und lassen sich nur selten vermeiden. Sich gegen sie zu sträuben, bringt uns weder weiter, noch macht es sie ungeschehen. Aber wir können lernen, mit solchen Überraschungen umzugehen und möglichst schnell zu reagieren, damit sie uns nicht aus der Bahn werfen. Was heißt das jetzt? Keine Sorge, es ist etwas Gutes.

Improvisieren, ein Wort mit dem Klang von Abenteuer und Verheißung. Der Begriff kommt ursprünglich aus dem Lateinischen und bedeutet: unvorhergesehen. Jemand, der improvisiert, kann den Eindruck vermitteln, dass er sich immer irgendwie durchwurschtelt, eigentlich unvorbereitet und womöglich sogar inkompetent ist. Aber so ist das nicht.

Angenommen, man hat eine Präsentation vor einem wichtigen Kunden. Aber dann, Surprise, Surprise! Der Laptop streikt. Und alles, was man erarbeitet und schön aufbereitet hat, ist dahin. Schwarzer Bildschirm. Tot. Gut und erfolgreich improvisieren kann man in so einer Situation nur, wenn man perfekt vorbereitet ist. Wenn man nicht in Panik ausbricht, ruhig bleibt und vielleicht sogar einen Scherz macht, der die Situation auflockert. Wenn man sich umschaut, Alternativen sucht und Gelegenheiten erkennt, sich einen Stift und ein Blatt Papier schnappt, die Tabellen und Diagramme aufzeichnet, die Zahlen und Fakten im Kopf hat und die Präsentation aus dem Stegreif hält.

Das Paradoxon des Augenblicks: Je besser man vorbereitet ist, desto weniger muss man improvisieren. Das Unvorhergesehene ist nicht ganz unvorhergesehen. Es ist vielleicht nicht zu planen, aber zu bedenken. Wer etwas kann, kommt in jeder Situation zurecht. Bluffer fallen natürlich sofort auf. Dilettanten sind in der Sekunde entlarvt.

Etwas live zu bedenken, ist natürlich anstrengender als jeder durchdachte Plan. Der Mensch sollte möglichst alle Möglichkeiten im Auge haben, muss Szenarien im Kopf durchspielen, überlegen, wie man in welcher Situation am besten reagiert. Wenn der Golden Retriever wichtige Unterlagen frisst oder man plötzlich ein Blackout hat. Wenn irgendeine Technik streikt oder ein Kollege einen mit einer blöden Bemerkung verunsichert. Mit so einem Propheten-Gen in sich kann eigentlich nichts mehr schiefgehen. Eigentlich. Denn es liegt in der Natur der Überraschung, dass sie unverhofft kommt. So etwas hat schon Kriege entschieden. Was jetzt? Na, improvisieren!

Ich denke, also bin ich. Merci, Monsieur Descartes. Ich habe erstens die Diplomatie in mir und zweitens die Power zu improvisieren, außerdem kann ich das, was ich tue. Ich kann es verdammt gut. Mein Produkt ist cool, ich bin mir sicher, dass es andere Leute anspricht, und ich als Person bin die Ruhe an sich. Der Fels in der Brandung des Wahnsinns. Alles cool, alles klar, jetzt zeig ich, was ich kann.

Keine Schweißperlen, keine Sorgenfalten. Kein Gestammel, keine Unsicherheiten. Selbstbewusstes Auftreten ist entscheidend. Aufrecht stehen, Brust raus, Kopf hoch, lächeln, fragenden Blicken nicht ausweichen, Alternativen suchen und weitermachen, selbst wenn etwas nicht hundertprozentig läuft. Gestik und Mimik beeinflussen die Gefühle. Das heißt, wer sich selbstsicher gibt, der wird es auch. Und ist es dann.

Wer improvisieren muss, schaut am besten guten Schauspielern auf die Finger. Die Mimik. Schau auf die Haltung. Auf die Körpersprache. Wie sie es schaffen, Stimmungen auszudrücken, ohne etwas zu sagen.

Manchen Menschen sind diese Fähigkeiten angeboren, alle anderen müssen üben. Ruhe bewahren.
Tief durchatmen. Wenn es möglich ist, kurz die Augen schließen. Langsam bis drei zählen. Und zu sich
selbst sagen: Egal, was passiert, so schlimm ist es
nicht, ich schaffe das.

Ich.

Schaffe.

Das.

So beruhigt man sich, der Kopf wird frei, man kann
eine Lösung suchen und das Beste daraus machen.

Wenn dich eine Überraschung vom Weg abbringt,
muss das nicht immer schlecht sein. Man kann etwas Neues entdecken, den Horizont erweitern. Eine
Trennung oder Kündigung mag einen anfangs aus
der Bahn werfen, später ist es oft das Beste, was einem passieren konnte. Retrospektiv betrachtet, ergibt das Leben immer einen Sinn.

Der Trainingsplan für mehr Spontanität ist leicht
erstellt. Dinge nicht immer so machen, wie man sie
immer macht. Neues ausprobieren. Andere Wege

gehen. Gewohnheiten absichtlich und kontrolliert durchbrechen. Den Moment wahrnehmen. Hin und wieder etwas Verrücktes tun. Immer wieder aus dem Bauch heraus entscheiden. So gewöhnt man sich daran, die Intuition zu nutzen.

Gelegenheiten zu erkennen, ist Übungssache. Aufmerksam sein. Perspektiven wechseln. Dinge anders betrachten. Manche Gelegenheiten springen einen regelrecht an, andere verstecken sich. Aber man findet sie überall, in schlechten Nachrichten oft sogar leichter als dort, wo alles hurra schreit. Gelegenheiten sind da, wenn man in einem langweiligen Meeting sitzt oder wenn einem der Bus vor der Nase wegfährt. Man entdeckt sie, wenn die Freundin oder der Freund in letzter Minute das Treffen absagt oder man das Gefühl hat, die Welt geht gleich unter.

Ein Freund von mir hat einmal einen Satz gesagt, den ich mir eingeprägt habe, so wie wenn bei mir daheim ein Van Gogh an der Wand hängen würde:

Jede Situation
im Leben
ist das,
was ich
daraus mache.

Es gibt immer Alternativen. Manchmal stellen sie sich sogar als bessere Optionen heraus. Genau hinschauen. Gut zuhören. Optimistisch sein. Das Beste passiert nicht einfach so, man kann es nur aus dem machen, was passiert. Eine Überraschung ist nichts weiter als eine Herausforderung. Eine Möglichkeit, ums Eck zu denken. Und Improvisation zu üben.

Winston Churchill hat einmal gesagt: »Am meisten Vorbereitung kosten mich immer meine spontan gehaltenen Reden.«

Ich sage: Am meisten Vorbereitung kosten mich immer meine spontan veranstalteten Feste.

Man arbeitet an seinem bestmöglichen Tun.

Die einen träumen von Ruhm, die anderen von Geld und alle irgendwie von Glück.

In Wahrheit geht es dabei leider oft einfach auch um Macht und Umsetzungskapazität. Es scheint, als sei Macht ein Vorgang, bei dem man jemandem den Schädel öffnet und die Teile herausnimmt, die besonders wichtig für Empathie und soziales Verhalten sind. Menschen, die mit Macht gut umgehen können, sind selten.

Man kennt das Phänomen. Einige glauben, durch Macht beliebter zu sein. Das verdirbt viele. Hat man sie dann, beginnen sich sämtliche positive Eigenschaften allmählich aufzulösen. Und machen für neue Platz: Viele sind auf einmal rechthaberisch, herrisch oder sonst wie abgehoben. Das ist das Paradoxon der Macht. Ehemalige Kollegen sind plötzlich Konkurrenten. Einstige Mitstreiter sind auf einmal Einzelkämpfer. Frühere Verbündete sind über Nacht Gegner. Wer Macht hat, kapselt sich ab. Er will keinen Kontakt mehr mit Menschen, die ihn jetzt kritisieren würden. Er braucht nur noch Leute, die ihm nach dem Mund reden. Natürlich ist das immer eine Frage der Persönlichkeit. Aber wer nicht bewusst gegen diesen Prozess ankämpft, wird von der Macht verändert. Und zwar nicht unbedingt zum Guten.

Im Althochdeutschen, Altslawischen und Gotischen bedeutet das Wort Macht durchaus etwas Gutes. Gut im Sinn von Fähigkeit. Wer Macht hat, kann irgendwas besonders gut. Weil sich aber die Persönlichkeit der meisten Menschen mit der Macht so hurtig wandelt, vergisst man das schnell. Das hat der Macht einen reichlich schlechten Ruf eingebracht. Seltsam, dass sie trotzdem jeder haben will. Fast jeder.

Will man die Karriereleiter bis zur höchsten Position hinaufklettern, reicht es allerdings nicht, bloß kompetent zu sein. Irgendetwas besonders gut zu können, genügt nicht. Die anderen müssen es auch wissen. Um zu zeigen, wie großartig man ist, braucht man Machtstreben. Forscher sind übrigens davon überzeugt, dass Männer und Frauen gleich viel Machtbedürfnis haben. Trotzdem gibt es Unterschiede. Frauen neigen wesentlich öfter zur sogenannten s-Macht. Das bedeutet, dass sie ihre Macht auch für andere einsetzen, s wie sozial. Sie verfolgen eher Ziele in einem gesellschaftlichen Zusammenhang. Männer tendieren dagegen zur p-Macht, p für persönliche Ziele. Egal, warum man Macht mag, man muss dafür leiden. Denn sie macht einsam.

Erstens: Macht verändert die Einstellung gegenüber anderen Menschen. Zweitens: Macht zerstört auf Dauer die Fähigkeit, anderen zu vertrauen und fördert Zynismus. Das heißt: Wenn jemand so nett ist und einem einen Gefallen tut, bedankt man sich nicht einfach, sondern wird misstrauisch. Drittens: Die Verbindlichkeit gegenüber anderen Menschen leidet. Viertens: Macht schädigt Beziehungen. Und zwar dann, wenn sie das größte Potenzial hätten, um sich zu entwickeln.

Machtvolle Menschen sind nicht andauernd misstrauisch. Sobald jemand allerdings versucht, Nähe durch Freundlichkeit herzustellen, kommt ihnen die Macht dazwischen. »Mächtige« bleiben dann oft zu gerne nur unter sich, was niemals eine positive Entwicklung für sie darstellt.

Macht ist nicht nur etwas für ein paar Spitzen der Gesellschaft. Viele haben rasch Blut geleckt.

Was sie aus Menschen machen kann, hat ein gewisser Philip Zimbardo mit einem mittlerweile berühmten Experiment aufgezeigt. Und zwar im Sommer 1971 an der amerikanischen Stanford University. Auf ein Zeitungsinserat in Palo Alto meldeten sich 70 Studenten, aus denen man nach Interviews 24 Freiwillige der Mittelschicht ausgewählt hat, die durchschnittliche Ergebnisse erzielt hatten. Man teilte sie in zwei Gruppen auf. Gefangene und Wärter. Einige Tage später haben echte Polizisten die Gefangenen verhaftet, festgenommen und schließlich in den zum Gefängnis umgebauten Keller der Universität gesperrt. Die Aufgabe der Wärter war es, für Ruhe und Ordnung zu sorgen. Die Regeln konnten sie selbst festlegen.

Zwei Wochen sollte das Experiment dauern. Anfangs schien noch alles nach Plan zu laufen. Die Versuchspersonen probierten ihre Rollen aus. Aber schon nach drei Tagen zeigte ein Gefangener so extreme Stressreaktionen, dass er entlassen werden musste. Einige Wärter erniedrigten die Häftlinge und entwickelten sadistische Züge. Kameras dokumentierten alles. Auch nachts, wenn sich die Wärter sicher fühlten und dachten, es würden nichts aufgezeichnet. Die Forscher mussten sogar eingreifen, um Misshandlungen zu verhindern.

Die meisten Gefangenen verwandelten sich in unterwürfige Individuen. Nach nur sechs Tagen musste das Experiment abgebrochen werden. Die Versuchsleiter stellten fest, dass sie selbst nicht mehr objektiv waren. Insgesamt vier Gefangene hatten bis dahin emotionale Zusammenbrüche erlitten und mussten vorzeitig entlassen werden. Ein anderer bekam einen psychisch bedingten Hautausschlag.

Ein Jahr später trafen sich alle Beteiligten wieder. Psychologische Spätfolgen waren bei keinem von ihnen aufgetreten. Aber das Experiment hat gezeigt, was Macht aus ganz normalen Menschen machen kann. Und die 24 Studenten hatten am eigenen Leib erfahren, wie Macht einen verändert, wenn man mit ihr nicht umgehen kann. Wer nicht bewusst gegen diese Veränderung kämpft, ist seiner eigenen Macht unterlegen.

Von diesem Versuch gibt es übrigens eine ausgezeichnete deutsche Verfilmung. Oliver Hirschbiegel hat das als Regisseur perfekt in Szene gesetzt, mit Moritz Bleibtreu in der Hauptrolle. Der Thriller heißt *Das Experiment.*

Immerhin ist man geschult in der Kunst der Diplomatie, man kennt das Handwerk der Improvisation und weiß, wie man aus jeder Situation das Beste herausholt. Dann macht die Macht nicht, was sie will.

WAS WIR UNS MERKEN KÖNNEN

→ Konkurrenzdenken, Verdrängungswettbewerb und Gewinnmaximierung können nicht der einzige Weg sein. Wenn man sich gegenseitig nichts gönnt, kann nichts entstehen.

→ Hinter jedem Menschen stecken Gefühle, Einstellungen und Interessen. Sie zu erkennen, macht das Zusammenleben leichter. Man kann besser auf den Menschen eingehen, verstehen was hinter seinem Denken und seinem Tun steht.

→ Keine vorschnellen Bewertungen fällen. Wertschätzung ist das Zauberwort. Das beugt Konflikten vor und lässt schneller Lösungen finden, die für alle Seiten passen.

→ Keine Schweißperlen, keine unnötigen Sorgenfalten. Kein Gestammel, keine Unsicherheiten. Selbstbewusstes Auftreten ist entscheidend. Aufrecht stehen, Brust raus, Kopf hoch, lächeln, fragenden Blicken nicht ausweichen, Alternativen suchen und weitermachen, selbst wenn etwas nicht hundertprozentig läuft.

→ Eine Trennung oder Kündigung mag einen im Moment aus der Bahn werfen, später ist es oft das Beste, was einem passieren konnte. Retrospektiv betrachtet, ergibt das Leben immer einen Sinn.

→ Es gibt immer Alternativen. Manchmal stellen sie sich als bessere Optionen heraus. Genau hinschauen. Gut zuhören. Optimistisch sein.

→ Will man die Karriereleiter bis zur höchsten Stufe hinaufklettern, reicht es nicht, kompetent zu sein oder etwas besonders gut zu können. Die anderen müssen es auch wissen.

→ Jede Situation im Leben ist das, was ich daraus mache.

10.

Kapitel

Waagschalen, Worte und Verantwortung

10. Kapitel

Waagschalen, Worte und Verantwortung

Es gibt Menschen, die wollen viel Geld für wenig Arbeit. Einige. Und es gibt welche, die haben viel Arbeit und kein Geld. Das sind die meisten. Und es gibt Leute, die es schaffen, ihr Leben auszutarieren, eine sogenannte ausgeglichene Work-Life-Balance zu haben. Das heißt: zwei Waagschalen auf derselben Höhe halten. Links die Arbeit. Rechts das Leben. Dazwischen das (Lebens-)Konto im Plus.

Work-Life-Balance klingt leicht pathetisch. Wie Yoga bei Sonnenaufgang am Strand. Fast schon kitschig, wenn alles pipifein ist.

Man sollte ja annehmen, dass es auch eine Work-Balance und eine Life-Balance gäbe. In Wahrheit geht's darum, weder Workaholic noch Lifeaholic zu sein. Wer nur hackelt, wird irgendwann krank oder verrückt oder beides. Wer nur (zu) gut und intensiv lebt, ist irgendwann in der Betty-Ford-Klinik.

Balance, Balance, Balance. Der Seiltanz des Lebens verlangt nach einem sicheren Stand, denn dort unten ist kein Netz, nichts. Wer fällt, fällt tief und schlägt hart auf.

Wer im Leben Spaß haben will, darf im Job nicht zu viel rudern. Wer keine Zeit hat, ein Buch zu lesen, lebt einseitig.

Gleichgewicht im Leben herrscht, wenn sich Privatleben und Beruf die Waage halten. Das ist keine Frage der Schwerkraft. Das ist eine Kunst.

Bei anderen weiß man immer genau, was nicht in Ordnung ist. Dass der Job nicht ständig vor dem Privatleben kommen soll. Dass der Chef nicht automatisch wichtiger sein soll als die Freunde. Dass Berichte und Analysen nicht jedes Mal Entschuldigung sein können. Dass das coole Start-up in seiner Set-up-Phase ein tägliches Zeitinvestment von 22 Stunden braucht. Und doch tut man genau das, was man an anderen auszusetzen hat: Man spurt. Oder tut weiter, weiter, immer weiter. Irgendeine Deadline ist immer. Die letzte Deadline, die man garantiert nicht verpasst, ist der Tod.

Bis dahin begleitet dich der Stress. Wer arbeitet, steht unter Zeitdruck. Man hat sich so an ihn gewöhnt, dass man ihn sogar schon mag. Unter Zeitdruck bin ich schneller, sagt man. Unter Zeitdruck bin ich besser, glaubt man. Und lässt sich von ihm gängeln. Freiwillig, da ist man sicher. Und spürt doch, dass man sich da irgendwie irrt. Die Angst, den Job zu verlieren, wenn man sich blöd spielt, ist ständig präsent. Die Freude an dem, was man tut, wird von der Erschöpfung schon zum Frühstück gefressen. Entspannung, Familie und Freunde haben keinen Termin, den man einhalten muss, weil sonst etwas den Bach runtergeht. Privatleben lässt sich immer verschieben.

Allerdings nicht ewig. Es gibt einen Punkt, an dem einen das bedingungslose Funktionieren krank macht. Burnout sagt man dazu, damit es nicht so medizinisch klingt. Depressionen schiebt man lieber aufs Wetter als auf die eigene Blindheit seinen Bedürfnissen gegenüber. Warnsignale werden ignoriert, auch wenn sie noch so bedrohlich blinken. Man merkt, dass man sich eher zurück- als weiterentwickelt. Man ist so angespannt, dass man mit seinen Kollegen nicht mehr gut auskommt. Und man fürchtet, dass man für seine Leistungen nicht angemessen honoriert wird. Egal, der Bericht muss fertig sein. Morgen. Die Präsentation ist übrigens doch heute. Hast du alles beisammen? Schüttelst du alles aus dem Ärmel? Kennst du alle Zahlen?

Eigentlich sollte das Verhältnis zwischen Berufs- und Privatleben ausgeglichen sein. Work-Life-Balance eben. Aber es scheint, als gebe es sie bloß in einer heilen Welt. Denn die Grenze zwischen Job und Freizeit verschwimmt wie ein Aal. Dank Smartphones, Computern und Internet ist man nach Dienstschluss und an Wochenenden rund um die Uhr und überall für Vorgesetzte und Kunden und sonstige Geschäftspartner erreichbar. Und wenn die Damen und Herren erstaunlicherweise einmal ruhig sind, kann man sich immer noch mit Alexa oder Siri unterhalten und sich den Terminkalender für morgen vorlesen lassen.

Das Marktforschungsunternehmen Loudhouse Research hat herausgefunden, dass sich berufliche und private Aktivitäten im Schnitt mindestens zwei Mal pro Woche überschneiden. Wenn es nötig ist, ist man also jederzeit bereit, seine Freizeit in Überstunden zu verwandeln. Allein die Bereitschaft dazu reicht schon aus, damit sich Körper und Geist nie entspannen können. Was nicht ungefährlich ist. Denn hinter diesem Zustand lauern Infekte, Herzinfarkte und Schlaganfälle. Von den psychischen Belastungen gar nicht zu reden.

Zeiteinteilung ist eine Frage der Einstellung.

Für die Balance im Leben ist ausschlaggebend, was jeder in seine Waagschalen wirft. Hier Geldverdienen und Erfüllung im Beruf, dort Familienleben, Beziehung, Freunde und Raum für sich selbst.

Hier work, dort life.

Allerdings schafft es der Stress mit links, sich wichtiger zu nehmen. Dann liegt man abends nicht mehr auf der Couch, weil man sich einmal einen guten Film anschauen will (ich würde mir gemütlich die Avengers gönnen, oder bisschen herausfordernder was auf französisch oder spanisch). Dann nimmt man eben kein entspannendes Bad, weil man sich einmal nicht brausen gehen will. Dann trifft man sich nicht mit seinen Freunden. Und Geburtstage werden auch überschätzt, hat man schließlich jedes Jahr. Ihn einmal zu übergehen, ist kein Mal. Nur: Zweimal ist schon einmal zu viel. Man verliert soziale Kontakte und irgendwann seine Gesundheit. Aber es geht auch anders.

Bevor einen die Arbeit krank macht, sendet der Körper viele Signale. Man hat Schwierigkeiten einzuschlafen, weil man ständig daran denkt, was man noch erledigen muss. Man wacht mitten in der Nacht schweißgebadet auf und kommt morgens nicht aus den Federn – und nicht nur, weil die Nacht im Le Méridien oder Volksgarten ein bisschen zu lange war. Zumindest so, wie wir das von früher her kennen, als die Welt noch keine Schutzmaske trug.

Man ist antriebslos und kann sich nicht konzentrieren. Man hat Kopf- und Bauchschmerzen. Mit diesen Symptomen versucht der Körper dem Geist zu sagen, dass er die Notbremse ziehen und im Beruf kürzer treten soll. Kein Chef wird einen feuern, weil man ein Privatleben hat. Und sollte man doch einmal an einem Projekt scheitern, geht die Welt nicht unter. Warum ist hier einmal nicht kein Mal?

Abschalten ist die nächste Stufe. Eine klare Grenze zwischen Berufs- und Privatleben ziehen. Es gibt kaum Verträge, in denen steht, dass man rund um die Uhr erreichbar sein und an jedem Wochenende, an jedem Feiertag oder nach Dienstschluss arbeiten muss. Im Pflichtbewusstsein aufzugehen, ist deshalb so einfach, weil man das Gefühl nicht los wird, nicht gefragt zu sein, wenn nicht alle paar Minuten das Handy klingelt. Nicht geschätzt zu werden, wenn nicht dauernd einer was von einem will.

Man ist aber nicht der Butler der Queen. Man sollte durchaus einmal einen Diener vor seinen privaten Bedürfnissen machen.

Kontakte pflegen ist Stufe drei auf dem Weg zur Work-Life-Balance. Und gemeint sind weder die geschäftlichen noch die vorgetäuschten. Ich rede davon, sich mit Freunden zu treffen und nicht über die Arbeit zu reden. Sich einen ganzen Tag nur mit eigenen Dingen beschäftigen. Ein langes Gespräch mit dem Partner zu führen, wie damals, als man ihn oder sie kennenlernte. Freunde und Familie, das sollten diejenigen sein, die einen auffangen, wenn es im Job einmal stressig bis total crazy wird. Sie sorgen für das nötige Gleichgewicht. Bewusste Ruhe.

Wenn man dauernd im Stress ist, schüttet der Körper Unmengen an Cortisol und Adrenalin aus. Das ist an sich nicht so schlecht. Die Stoffe sorgen dafür, dass man konzentriert ist, etwas leisten kann. Doch die Stresshormone sollten auch wieder abgebaut und durch Glückshormone ersetzt werden. Zum Beispiel beim Sport. Endorphine wecken die Lebensfreude und steigern das Selbstwertgefühl. Die Durchblutung wird angeregt, Verspannungen und Kopfschmerzen verschwinden, das Gehirn wird durchgelüftet und von Sorgen befreit. Und danach hat man genug Kraft, um die nächste Stresssituation mit Leichtigkeit zu meistern.

Um alles in Wohlgefallen aufzulösen, braucht es ein Wort: Optimismus. Genau jetzt. Den bedingungslosen Glauben an sich und die Welt und dass alles gut werden wird. Das Glas ist halb voll, ok. Heute regnet es, gut so. Der Auftrag ist nicht reingekommen, okay, dafür bleibt mehr Zeit, sich anderen Projekten zu widmen. Corona hat den Umsatz geschmälert, dafür sind neue Ideen aufgetaucht. Alles hat einen Sinn. Mein Tun hat eine Bedeutung. Ich gehe davon aus, dass alles gut, besser, am besten werden wird. Weil ich daran glaube. Wurscht, was passiert oder geschehen ist.

Folgendes Szenario: In der Nacht hat es mir über ein offen gelassenes Fenster ins Auto geregnet, beim Aufstehen habe ich mir den Knöchel verknackst, auf dem Weg ins Office hat mich irgendwer angeschrien. Meine Katze hat zum Frühstück meine

Jause gefressen, ich habe mir ein Sardinensandwich gekauft und mir davon eine Fischvergiftung geholt. Am Vormittag habe ich meine Sonnenbrille verloren und den Termin beim Steuerberater versäumt. Am Nachmittag bin ich mit den neuen Schuhen in einen Kothaufen gestiegen und dann von meinem Chef angeschrien worden. Was für ein Tag. Und die ganze Zeit über sitzt eine Kollegin am Schreibtisch gegenüber und strahlt, als hätte sie einen Clown gefrühstückt. Hat sie keine Probleme? Ist sie frei von Unbill? Hat sie keine Bananenschalen, die ihr das Schicksal in den Weg gelegt hat? Doch hat sie. Sie hat nur keine Sorgen damit. Das Geheimnis heißt Frohsinn. Optimismus.

Ein Phänomen, das der Südtiroler Mediziner Toni Pizzecco studiert hat. Bei Buschmenschen in Ostafrika, bei den Favela-Bewohnern in Rio de Janeiro, in den Slums von Kalkutta und bei den Reichen in Hollywood. Und immer wieder hat er sich die Frage gestellt: Warum sind die einen so viel besser drauf und haben selbst in ihrer widrigen Situation Freude am Leben, während die anderen niedergeschlagen sind, depressiv, am Ende, obwohl es ihnen augenscheinlich an nichts fehlt? Die Lösung liegt in den Gedanken und Bildern, die wir uns vor dem inneren Auge machen.

Hier eine kleine Anleitung, schlechte Denkgewohnheiten abzulegen. Fakt ist: Unser Gehirn vergisst nichts. Es ist ein Speicher mit unbegrenzter Kapazität. Was immer wir im Laufe eines Tages an Informationen aufnehmen, sie werden dort oben abgelegt. Beim modernen Menschen sind es rund 9.000 Bilder täglich. Zum Vergleich: Unsere Urzeit-Vorfahren dachten im täglichen Kampf ums Überleben und Fortpflanzen in maximal 10 bis 20 Bildern. Im Mittelalter kamen die Menschen auf 200 Bilder, mehr brauchte es nicht. Der heutige Mensch saugt hingegen aus unzähligen Quellen Informationen auf. Gewollt oder ungewollt. Und all diese Informationen zwischen Aufstehen und Einschlafen wandern in sein Bewusstsein und von dort ins Unterbewusstsein, von wo sie jederzeit zurückkehren und uns das Leben schwer machen können. Darum beginnt positives Denken schon mit der Fütterung unserer grauen Festplatte. Denn die alte Weisheit stimmt: Ein gesunder Körper braucht einen gesunden Geist.

Erste und wichtigste Regel: Filtere die Flut eingehender Informationen. Es steckt in uns, dass wir auf schlechte Meldungen mit erhöhter Aufmerksamkeit reagieren. Schuld daran ist unsere Urangst. Sie schützt uns vor Gefahr, lässt uns aber zugleich in jeder Katastrophenmeldung eine Gefahr vermuten.

Medien machen ihr Geschäft mit dieser Angst. Der Rat des Optimisten: Lass dich nicht gleich in der Früh mit Negativem beschallen. Besser gute Musik statt nur Hiobsbotschaften. Die Bilder und Gedanken, die wir uns in der Früh machen, entscheiden oft über die Stimmung während des ganzen Tages. Vermeide vorm Schlafengehen die Horrorfilme aus Politik und Wirtschaft oder sonstwoher. Denn nachts sind wir mit unseren Gedanken noch mehr allein. Sei der Regisseur, der aktiv entscheidet, welche Bilder er auf die innere Leinwand projiziert.

Feind Nummer eins: Hüte dich vor Miesmachern. Zum Beispiel vor den guten Bekannten, die ein Gespräch damit beginnen, wie schlecht du heute ausschaust. Herzlichen Dank für die Einfühlsamkeit. Bis dahin war alles in Ordnung, ab da fühlst du sich tatsächlich so. Der Rat des Optimisten: Tappe nicht in die Falle der sich selbst erfüllenden Prophezeiung.

Feind Nummer zwei: Mach einen Bogen um alle, die mit Vorliebe Hiobsbotschaften überbringen. Die sich zB fast schon „ergötzen" an der Corona- Panik. Jeder Unfall hat bei ihnen einen persönlichen Bezug, und überhaupt wird alles immer schlimmer. Der Rat des Optimisten: Ohren zu und weitergehen.

Feind Nummer drei: Vorsicht vor den Selbstzerstörern. Man erkennt sie an der Gewitterwolke über ihrem Kopf. Sie ziehen das Unheil an wie Kim Kardas-
hian die Paparazzi und teilen es jedem, den es nicht
interessiert, mit. Der Mechanismus ist vor allem bei
Menschen zu erkennen, die viel mehr Zeit haben als
ihr Partner und weniger Dank und Anerkennung
für ihre Arbeit bekommen. Der Rat des Optimisten:
Die Schreckensnachricht eines Selbstzerstörers gehört überhört.

Feind Nummer vier: Halte Abstand zu den Traum-
zerstörern. Vermeide, ihren Informationsdrang zu
wecken. Erzählst du einem Traumtöter nämlich,
dass du dir endlich was leisten konntest, worauf du
extra gespart hast, darfst du nicht drauf hoffen, dass
er sich mitfreut. Im Gegenteil. Er wird sich sofort in
Hinweisen ergehen, die er unlängst über diese un-
verlässliche Marke gelesen hat. Er wird dir die Freude verderben. Der Rat des Optimisten: Träume sind
Ziele, und wenn einer sie unter Beschuss nimmt,
dann nur du selbst.

Es gelingt nicht immer, den Bad News auf zwei Bei-
nen zu entkommen. Versuche daher, diese von Miesmachern, Hiobsboten, Selbstzerstörern oder Traum-
tötern hausgemachten Schwarzmalereien aktiv zu

verdrängen. Mit der Zeit lässt das Bewusstsein alle unschönen Gedanken tiefer sinken. Was geschehen ist, ist geschehen. Steuere dein Gehirn in Richtung Zukunft.

Wenn du das schaffst, wirst du nie zu einer Marionette der Seele, sondern ziehst selber die Fäden.

Der beste Schutz, sich schlechten Gedanken zu entziehen, ist Konzentration. Auf eine ganz bestimmte Sache. Wenn wir uns mit einer Arbeit, einer Denksportaufgabe oder einem Rätsel intensiv auseinandersetzen, uns in eine Geschichte vollkommen vertiefen, hat der Geist gar nicht erst die Chance, andere Baustellen zu beackern.

Noch besser ist Sport. Wer sich mit Hingabe auf dem Crosstrainer verausgabt oder mit Genuss Hanteln stemmt, der spürt seinen Körper und hat keine Zeit, sich den Kopf zu zerbrechen. Atme mental durch. Meditiere ein bisschen. Entwickle dabei das Selbstbild, das dir am besten gefällt, und beobachte, wie diese neue innere Persönlichkeit nach außen wirkt. Probiere es drei Wochen lang aus. Der Mensch ist konditionierbar, körperlich wie mental. Bilder, die du dir über einen gewissen Zeitraum immer wieder vorstellst, bleiben im Bewusstsein haften. Und halten dir vor Augen: Das Leben ist schöner, als die Pessimisten glauben.

Das Leben ist, was du daraus machst.

Es selbst gestalten zu können, ist ein gutes Gefühl.

Moving Forward ist ein Lebensmotto.

Es steht ganz groß als Titel auf dem Buch des Lebens. Ob es eine Komödie oder Tragödie ist, ein Thriller, ein Fantasyroman oder ein Erfolgsbuch, das schreibst du. Die Seiten des Buches sind leer. Wie die Geschichte weitergeht, entscheidest nur du.

Ein lieber Freund hat mich einmal auf die zwei wichtigsten Momente im Leben eines Menschen aufmerksam gemacht. Kennst du die, hat er gefragt, kennst du die zwei wichtigsten Momente im Leben eines Menschen?

Der erste ist die Geburt. Und der zweite ist der Moment, an dem man seine wahre Bestimmung erkennt.

Vielleicht ist das genau jetzt.

WAS WIR UNS MERKEN KÖNNEN

→ Der Seiltanz des Lebens verlangt nach einem sicheren Stand. Gleichgewicht herrscht, wenn sich Privatleben und Beruf die Waage halten.

→ Zeiteinteilung ist eine Frage der Einstellung. Wer Spaß haben will, darf im Job nicht zu viel rudern. Wer keine Zeit hat, ein Buch zu lesen, lebt einseitig.

→ Alles hat einen Sinn. Jedes Tun hat eine Bedeutung. Gehe davon aus, dass alles gut, besser, am besten werden wird. Weil du daran glaubst.

→ Filtere die Flut eingehender Informationen. Besser gute Musik statt Hiobsbotschaften.

→ Sei der Regisseur, der aktiv entscheidet, welche Bilder er auf die innere Leinwand projiziert.

→ Steuere dein Gehirn in Richtung Zukunft. Wenn du das schaffst, wirst du nie zu einer Marionette der Seele, sondern ziehst selber die Fäden.

→ Das Leben ist, was du daraus machst. Moving Forward ist das Motto.

Let´s move forward together!

Alles liegt vor dir. Der staubige Highway zur Herrlichkeit. Die Neonstraße zum Erfolg. Das Glück. Der Ruhm. Das Lächeln für einen Augenblick. Die Sicherheit. Die Zuversicht. Der Weg nach vorne. Moving Forward.

Wir wissen, wie wir's angehen.

Wir können, was wir tun.

Wir sehen uns – gleich dort vorne.

Danke, Freunde, dass wir diesen Weg gemeinsam gegangen sind. Und weitergehen. Es gibt viele Hindernisse. Aber wir verzagen nicht.

Let's move forward together!

Über den Autor

Dr. Josef Mantl, M.A., ist österreichischer Kommunikationsunternehmer, Experte für Netzwerke und Communitybuilding sowie Jurist und Publizist.

AUSBILDUNG

Josef Mantl wurde in Graz geboren und besuchte dort das Akademische Gymnasium; schon während seiner Schulzeit beschäftigte er sich intensiv mit Sprachen (Englisch, Französisch, Spanisch,

Latein und Altgriechisch), Geschichte und Musik (Klarinette und Saxophon). Mantl war auch in der Schülervertretung tätig, wo er u.a. die Funktionen des Schulsprechers, Landesschulsprechers, stv. Bundesschulsprechers und Landesobmannes der Steirischen Schülerunion bekleidete. Nach seinem Grundwehrdienst beim Aufklärungsregiment 1 in der Grazer Belgierkaserne studierte er in Wien an der Alma Mater Rudolphina Rechtswissenschaften und engagierte sich während des Studiums für die Hochschülerschaft Wien. Auslandspraktika führten ihn nach Brüssel (Europäisches Parlament), New York (Außenwirtschaftscenter der Wirtschaftskammer Österreich), Toronto (Magna) und Peking (AVL List), und ein Erasmussemester an die Université de Franche Comté nach Besançon. 2002 hatte Mantl seine Sponsion zum Magister iuris, 2012 promovierte er. Von 2006 bis 2008 war er Fulbright-Stipendiat am Emerson College of Communications in Boston und erhielt für diese Postgraduateausbildung einen Master of Arts in Integrated Marketing Communication.

UNTERNEHMEN

Nach dem Abschluß seines Jus-Studiums 2002 startete Mantl sein Einzelunternehmen für Veranstaltungen, Popmusik und Kultur. 2009 gründete er die JMC (Josef Mantl Communications) GmbH, eine Full Service Kommunikationsagentur mit Schwerpunkt auf Kampagnen, Events und Social Media. Zum Kundenkreis gehören Unternehmen, Institutionen und Organisationen, als "Nr.1 in Urban Mobiliziation" ist sie die führende Agentur in der Mobilisierung urbaner Zielgruppen und Gründer der Plattform "UrbanIn – The Community". Von 2012 bis 2019 veranstaltete JMC in Wien die internationale Fachkonferenz Mobile Marketing Innovation Days, 2017 wurde die Innovationsplattform "Moving Forward – Shaping the Future" mit Konferenzen, Round Tables, Masterclasses etc. in Wien und New York City gegründet.

VEREINIGTE STAATEN VON AMERIKA

Während seines Fulbright-Aufenthaltes in den Vereinigten Staaten 2006 – 2008 knüpfte Mantl Kontakte zur Democratic Party, wo er im Campaign

Team von Hillary Rodham Clinton mitarbeitete und die Initiative "The World for Hillary" leitete. Ebenso erfuhr er durch den Kontakt mit internationalen Digital Natives am Emerson College of Communications seine wesentlichen Inspirationen für die Implementierung von Social Media in Kommunikationsstrategien, die eine Pionierrolle bei Digital Media Themen bewirkten. In Boston startete er auch in Zusammenarbeit mit US State Senator Marc R. Pacheco, Senate President Pro Tempore des Massachusetts State Senate und Chairman des Massachusetts Senate Comittee on Global Warming and Climate Change, die globale Nachhaltigkeitsinitiative "Sustainable Future Campaign", die sechs Jahre später ihren Höhepunkt in der Ausbildung von Josef Mantl zum "Climate Leader" durch Al Gore sowie die Gründung der "Green Tech Bridge USA – Austria" mit Präsentation vor Joseph Kennedy III. erfuhr.

Mantl unterstützte die 2014 gestartete „Ready for Hillary" Initiative, die Clinton bewegte, am 12. April 2015 ihre neuerliche Kandidatur zur Präsidentin der Vereinigen Staaten von Amerika bekannt zu geben; in der Presidential Campaign 2016 war Josef Mantl in die Aktivierung von Democrats Abroad in Europa sowie Innovation, Startup- und Creative Zielgruppen in New York, Boston und New Hampshire als Teil des "Team Pacheco for Hillary" involviert.

EHRENAMTLICHE, SOZIALE UND INTERNATIONALE TÄTIGKEITEN

Josef Mantl ist Vizepräsident der Mobile Marketing Association, Supporting Member von Austrian-Startups, Lektor an der FH Wien für Management und Kommunikation, stv. Leiter des Instituts "go governance – upgrading our democratic culture" und Gründer der Nachhaltigkeitsinitiative "Sustainable Future Campaign". Er ist Speaker bei zahlreichen nationalen und internationalen Konferenzen zu Kommunikations-, Gesellschafts- und Digitalthemen, wie zB dem Dahrendorf Kolloquium an der Universität St. Gallen, "Good Governance" Kongressen in Istanbul, Lemberg, Chisinau und Yerewan oder TEDx Konferenzen. Mantl arbeitete als Freiwilligenhelfer bei Wohltätigkeitsorganisationen im Ausland wie dem indischen "Motherhouse" (Mutter-Teresa-Mission) in Kalkutta, dem afrikanischen Obdachlosenhaus "Simbabwe Home of Peace" in Bulawayo oder dem Consejo National de la Juventud in Guatemala.

MUSIK

Popmusik war immer eine große Leidenschaft von Josef Mantl. 2003 startete er den Dance Act D-JMC, dessen erster Titel "Ragazza" bis auf Platz 13 der Ö3 Single Verkaufscharts kletterte. 2004 erschien "Party Jungle", erreichte Platz 6 und konnte sich zwei Wochen in den Top 10 halten. Weitere Singles und Musikvideos folgten, ebenso zahlreiche Auftritte sowie Truppenbesuche zu den UNO-Bataillons am Golan in Syrien und im Kosovo. Von 2004 bis 2010 verlieh Mantl den "Pop Music Support Award", der Personen, Unternehmen oder Organisationen ehrte, die sich besonders um die Popmusik verdient gemacht hatten.

AUSZEICHNUNGEN

Für sein Engagement für die EU-Erweiterung als Leiter des Projektes "Peace and Culture Campaign" verlieh die damalige Außenministerin Benita Ferrero-Waldner Josef Mantl 2003 das Bundes-Ehrenzeichen der Republik Österreich. Das deutsche Atlantikforum wählte ihn 2012 als "European Young Leader" und Teilnehmer der damit verbundenen internationalen Konferenz in Tiflis aus. 2013 erhielt

Josef Mantl für seine Doktorarbeit aus Europarecht den "Leopold Kunschak Wissenschaftspreis". Im selben Jahr wurde er vom Konfuzius Institut zu einer "Young Leaders Mission" nach China entsandt. Ebenso wurde Mantl 2013 vom ehemaligen US-Vizepräsidenten, Friedensnobelpreisträger und Oscar Gewinner Al Gore bei einem "Climate Reality Leadership Corps Training" in Istanbul zum "Climate Leader" ausgebildet; die Kleine Zeitung zeichnete ihn dafür zum "Steirer des Tages" aus. 2014 wurde Josef Mantl zum "Climate Mentor" ernannt und bildete bei einem Training mit Al Gore in Johannesburg neue Climate Leader mit aus.

PUBLIKATIONEN

Josef Mantl ist (Mit)Herausgeber der Bücher „Communicating Sustainability – Perspektiven der Nachhaltigkeit in Politik, Wirtschaft und Gesellschaft", „Dealing with Change – Österreicher über die Herausforderungen des 21. Jahrhunderts", „Mobile Marketing von App bis Z", "Transparenz und Kommunikation der Europäischen Union im Lichte des Art 15 AEUV", "I connect – Netzwerk Erfolg" und „Moving Forward — Topfit für die Zukunft".